【 学 研 ニ ュ ー コ ー ス 】

中3英語

♪マークの付いている英文の音声は，2通りの方法で再生できます。
利用環境や用途に合わせてお選びください。

 アプリ「マイオトモ」

音声再生アプリをご利用の方は下記へアクセスしてください。

URL:https://gakken-ep.jp/extra/myotomo/

＊音声を端末にダウンロードすればオフラインでもご利用可能です。

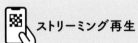 ストリーミング再生

各ページ右上の二次元コードを読み取ってください。

【 ご注意 】
• オフラインでは利用できません。
• 二次元コードを読み取るためのアプリ等が必要です。

アプリの利用やストリーミング再生は無料ですが，通信料はお客様のご負担になります。
お客様のネット環境および端末の設定等により，音声を再生できない場合，当社は責任を負いかねます。

Gakken

はじめに

　『学研ニューコース』シリーズが初めて刊行されたのは，1972（昭和47）年のことです。当時はまだ，参考書の種類も少ない時代でしたから，多くの方の目に触れ，手にとってもらったことでしょう。みなさんのおうちの人が，『学研ニューコース』を使って勉強をしていたかもしれません。

　それから，平成，令和と時代は移り，世の中は大きく変わりました。モノや情報はあふれ，ニーズは多様化し，科学技術は加速度的に進歩しています。また，世界や日本の枠組みを揺るがすような大きな出来事がいくつもありました。当然ながら，中学生を取り巻く環境も大きく変化しています。学校の勉強についていえば，教科書は『学研ニューコース』が創刊した約10年後の1980年代からやさしくなり始めましたが，その30年後の2010年代には学ぶ内容が増えました。そして2020年の学習指導要領改訂では，内容や量はほぼ変わらずに，思考力を問うような問題を多く扱うようになりました。知識を覚えるだけの時代は終わり，覚えた知識をどう活かすかということが重要視されているのです。

　そのような中，『学研ニューコース』シリーズも，その時々の中学生の声に耳を傾けながら，少しずつ進化していきました。新しい手法を大胆に取り入れたり，ときにはかつて評判のよかった手法を復活させたりするなど，試行錯誤を繰り返して現在に至ります。ただ「どこよりもわかりやすい，中学生にとっていちばんためになる参考書をつくる」という，編集部の思いと方針は，創刊時より変わっていません。

　今回の改訂では中学生のみなさんが勉強に前向きに取り組めるよう，等身大の中学生たちのマンガを巻頭に，「中学生のための勉強・学校生活アドバイス」というコラムを章末に配しました。勉強のやる気の出し方，定期テストの対策の仕方，高校入試の情報など，中学生のみなさんに知っておいてほしいことをまとめてあります。本編では新しい学習指導要領に合わせて，思考力を養えるような内容も多く掲載し，時代に合った構成となっています。

　進化し続け，愛され続けてきた『学研ニューコース』が，中学生のみなさんにとって，やる気を与えてくれる，また，一生懸命なときにそばにいて応援してくれる，そんな良き勉強のパートナーになってくれることを，編集部一同，心から願っています。

学研プラス

英語ってなんで受験科目に
入ってるんだろう
自分とは関係のない、すごく遠い世界の
言葉なのに…
って思っていた

受験生になって

それまで勉強なんて適当に済ませていた俺にも危機感ってやつが芽生え始めた

それで友達の秋穂に頼み込んで勉強を教えてもらおうとしたんだけど…

ちょんちょん。

文法違ってるよ

ぐわーーっ!!

また文法ミスか…!

英語おそるべし…!

他の教科は良くなってるのに英語だけホントに苦手なんだから

来週の小テスト大丈夫?

ま、任せとけって!こんなのちょっとコツがつかめれば余裕余裕!

来週は試合もあるし両方バッチリ決めてやるよ!

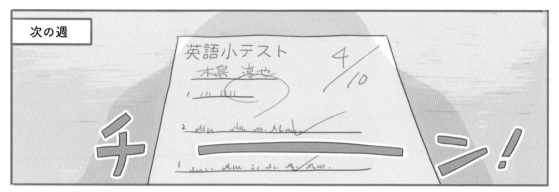

次の週

英語小テスト
木島 淳也
4/10

チ————ン！

………
ダメでした

昨日の試合は
大活躍（だいかつやく）だったのにね

サッカーの
半分でもいいから
英語にも
熱意があればなぁ

勉強と部活じゃ
やる気にだって
差が出るだろ〜…

それに英語だって
最初の頃（ころ）はまぁまぁ
得意だったんだぞ
だんだん文法とかに
ついていけなく
なったけど…

うーん
そうなんだ…

どうやったら
またできるように
なるのかな〜

Hello?

うぅっ

わっ!?

ス、スミス先生！

突然だったので驚きました〜！

Sorry, Akiho.

図書館で会うのは久しぶりなのでつい声をかけちゃいました

イーサン・スミス
ALT

…久しぶり？
秋穂、先生とそんなに仲良かったの？

この図書館の常連さんなの前からよく顔を合わせてたから

そっちの子は確かサッカー部の…
Junya だね？

怖い顔してたけどどうしたんだい？

こ、怖い顔っていうかちょっと悩んでて

そうだ！
ちょうど先生に相談したいことがあるんですけど！

みんなにとっては
別の言葉だし
難しく感じるのも
わかるよ

Hmm...
なるほどね

その点先生はすごいですよね
確か大学のときにイギリスから
日本に来たんでしたっけ？

へぇ〜すげぇ！

それでこんなに
俺たちと話せる…
どころか教えられるくらいに
なってるなんて！

そんなに大げさな
話じゃないよ！
僕もきっかけは
日本のアニメやマンガ
だったんだから

ア、アニメ!?

先生、日本のアニメ
好きなんですか!?

だって
世界のピッチで活躍するとき
コミュニケーションが
取れないと困るだろ？

なるほど…

一って
ちょっと待ってください！
サッカーは好きだけど
世界レベルの選手には…

選手じゃなくても
通訳とかサポート
スタッフとか…

英語を話せれば
いろんな形で
サッカーに関われるよ

確かに
それはちょっと
興味あるかも

ワールド
ワイドにね

英語や異文化へ
興味を持って接すれば

きみたちの将来に
もっとたくさんの
可能性が開けると思う

何より
世界中に友達ができるよ
僕たちみたいにね！

なんか
考えれば考えるほど

ワクワク
してきました！

うん！

頑張れそうな
気がしてきました！

秋穂
続きやろう！ 続き！

相変わらず
単純なんだから…

よーしそれじゃ
ビシビシやるよ？

もちろん
すんなり成績は
上がらなかったけど

そこから俺の
猛勉強が始まった

秋穂の指導と
スミス先生の
励ましもあって—

1ヶ月後

キーンコーン

先生どうっすか!?
点数上がりましたよ!

小テスト 10/10

小テスト 8/10

Good!
Junya も Akiho も
頑張った成果が
出たね!

先生のおかげで
淳也も私もあれから
張り切ってますから

まだまだ
英語で仕事できる
ほどじゃ
ないっすけど これからもっと
頑張りますよ!

OK!
これからも
勉強していこう!

職員室

そうだ
今はまだ苦労してるし
将来のこともわからないけど

いつか「英語を勉強してよかった」
って思える日がくるかもしれない

そう——

本書の特長と使い方

各章の流れと使い方

解説ページ

本文

本書のメインページです。基礎内容から発展内容まで，わかりやすくくわしく解説しています。英文は音声を聞いて発音を確認するようにしましょう。

定期テスト予想問題

問題

学校の定期テストでよく出題される問題を集めたテストで，力試しができます。

本文ページの構成

基本例文

各項目の学習のカギとなる基本的な例文です。

ここで学習すること

各項目で身に付けたいポイントを簡潔にまとめてあります。

♪01 音声

このマークのある英語はスマートフォンで音声を再生できます。
※音声の再生方法についてくわしくはこの本の p.1 をご覧ください。

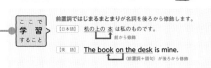

1　「机の上の本」など

名詞を修飾する〈前置詞＋語句〉と形容詞的用法の不定詞

基本例文

The book on the desk is mine.

（机の上の本は私のものです。）

♪01

ここで学習すること

前置詞ではじまるまとまりが名詞を後ろから修飾します。

[日本語] 机の上の 本 は私のものです。
　　　　　　　　前から修飾

[英　語] The book on the desk is mine.
　　　　　　　　〈前置詞＋語句〉が後ろから修飾

1　名詞を修飾する語句

形容詞は，a new book のように，ふつう名詞を前から修飾します。on the desk のような，前置詞ではじまるまとまりが名詞を修飾するときは，名詞を後ろから修飾します。

a book on the desk　　　　　　（机の上の本）　　♪02
some balls in the box　　　　　（箱の中のいくつかのボール）

2　文の中の位置

前置詞ではじまるまとまりは名詞の位置によってかわるので，文の最後だけでなく，文の真ん中に入ることもあります。

Look at the picture on the wall.　（壁の絵を見なさい。）　♪03
The picture on the wall is beautiful.　（壁の絵は美しい。）

✔解説 「修飾」とは

「修飾」とは，情報をプラスしてくわしく説明することです。
また，名詞を修飾する語を形容詞と言います。

参考 「句」と「節」

2語以上の単語がまとまって，名詞や副詞，形容詞などと同じ働きをするものを「句」と言います。形容詞と同じ働きをする句を「形容詞句」と言います。
また，2語以上の単語のまとまりで，その中に〈主語＋動詞〉を含むものを「節」と言います。

144

本書の特長

教科書の要点が ひと目でわかる	授業の理解から 定期テスト・入試対策まで	勉強のやり方や， 学校生活もサポート

特集

章末コラム

学んだ文法を使って，身近な生活シーンでどんな表現ができるか紹介します。

勉強法コラム

やる気の出し方，テスト対策の仕方，高校入試についてなど，知っておくとよい情報を扱っています。

＋

入試レベル問題

高校入試で出題されるレベルの問題に取り組んで，さらに実力アップすることができます。

＋

重要単語暗記ミニブック

この本の最初に，切り取って持ち運べるミニブックがついています。テスト前の最終チェックに最適です。

3　前の名詞を修飾する不定詞

形容詞的用法の不定詞も，名詞を後ろから修飾します。

There are a lot of places to visit in this city. ♪04
（この街には訪れる場所がたくさんあります。）

somethingやanythingなどの代名詞を不定詞が修飾するときは，~thingのあとに不定詞を続けます。

I want something to drink. （私は何か飲み物がほしい。） ♪05
I have nothing to do. （私にはすることがありません。）

参考　~thingを修飾する形容詞
形容詞が，~thingの代名詞を修飾するときは，後ろから修飾します。
・something cold
（何か冷たいもの）
・anything interesting
（何かおもしろいもの）

6章　名詞を後ろから修飾する語句

チェック問題

日本文に合うように，（　）内の語句を並べかえましょう。

(1) 私はおもしろい本を何冊か持っています。
　I (interesting / have / books / some).
　I ＿＿＿＿＿＿＿＿＿＿＿＿＿＿

(2) あなたは鳥についての本を何冊か持っていますか。
　Do you (birds / have / books / any / about)?
　Do you ＿＿＿＿＿＿＿＿＿＿＿＿？

(3) 長い髪の少女はメアリー（Mary）です。
　(Mary / is / hair / with / the girl / long)
　＿＿＿＿＿＿＿＿＿＿＿＿＿＿

(4) 私は何か温かい食べ物がほしいです。
　I (hot / something / to / want) eat.
　I ＿＿＿＿＿＿＿＿＿＿ eat.

解答

(1) (I) have some interesting books(.)

(2) (Do you) have any books about birds(?)

(3) The girl with long hair is Mary.

(4) (I) want something hot to (eat.)

145

サイド解説

本文をより理解するためのくわしい解説や関連事項，テストで役立つ内容などを扱っています。

くわしく　本文の内容をよりくわしくした解説。

発展　発展的な学習内容の解説。

テストで注意　テストでまちがえやすい内容の解説。

確認　学んだ内容を再確認する解説。

参考　本文の内容に関連する事柄を解説。

リンク　参照ページを紹介

 リスニング　 **スピーキング**　 **リーディング**　 **ライティング**

英語の4技能（聞く・話す・読む・書く）を伸ばすための実践的な解説。

チェック問題

各項目で学習した内容を理解できたかどうかを確認するための問題です。解答はすぐ右側に掲載しています。

学研ニューコース
Gakken New Course
for Junior High School
Students

中3英語

もくじ

Contents

1・2年の要点整理

1章　受け身

12章　入試対策　会話表現

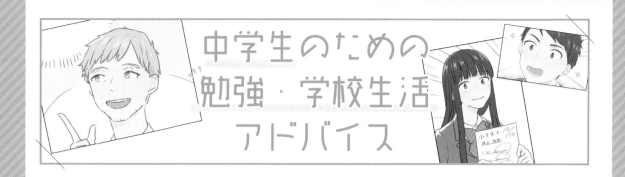

中学生のための 勉強・学校生活 アドバイス

受験生として入試に向き合おう

　中3では，**入試に向けての勉強が本格化します**。入試では，中学校で習うすべての範囲が出題されます。そのため，中3の範囲の勉強だけではなく，中1・中2の復習もしっかりと行う必要があります。

　夏以降は模擬試験を受けたり，入試の過去問題を解いたりする機会も増えるでしょう。自分の得意な分野・苦手な分野を理解し，苦手な分野は早めにきっちりと克服しておきたいところです。

　受験が近づいてくると，だんだんプレッシャーも大きくなっていきます。早い時期から取り組むことで，自信を持って試験にのぞめるようになります。

中3の英語の特徴

　中3で学ぶ英語は，**自分の言いたいことを英語で相手に正確に伝える**ことや，**相手の言うことや書いてあることを正確に理解する**ことを目的として，表現の幅をさらに広げていくのが特徴です。そのため，「現在完了形」「関係代名詞」「間接疑問文」「仮定法」など様々な文法項目を学習しますが，どの項目も一度習得してしまえば，コミュニケーションをとるうえでとても役立つものばかりです。

　しかし一方で，英語は積み重ねが重要な教科です。中3で習う内容はすべて中1・2年で習ったことが基礎になっています。だからこそ，わからないことをそのままにせず，理解があいまいな部分については**1・2年の復習＆基礎固めをしっかり行うことが大事**です。

ふだんの勉強は「予習→授業→復習」が基本

中学校の勉強では，**「予習→授業→復習」の正しい勉強のサイクルを回すこと**が大切です。

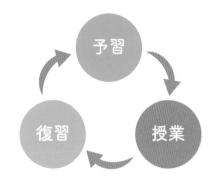

✅ 予習は軽く。要点をつかめば OK！

予習は1回の授業に対して5〜10分程度にしましょう。完璧に内容を理解する必要はありません。「どんなことを学ぶのか」という大まかな内容をつかみ，授業にのぞみましょう。

✅ 授業に集中！わからないことはすぐに先生に聞け‼

授業中は先生の説明を聞きながらノートを取り，気になることやわからないことがあったら，授業後にすぐ質問をしに行きましょう。

授業中にボーっとしてしまうと，テスト前に自分で理解しなければならなくなるので，効率がよくありません。**「授業中に理解しよう」としっかり聞く人は，時間の使い方が上手く，効率よく学力を伸ばすことができます。**

✅ 復習は遅くとも週末に。ためすぎ注意！

授業で習ったことを忘れないために，**復習はできればその日のうちに。それが難しければ，週末には復習をするようにしましょう。** 時間を空けすぎて習ったことをほとんど忘れてしまうと，勉強がはかどりません。復習をためすぎないように注意してください。

復習をするときは，教科書やノートを読むだけではなく，問題も解くようにしましょう。問題を解いてみることで理解も深まり記憶が定着します。

定期テスト対策は早めに

　中3になると，受験に向けて定期テスト以外のテストを受ける機会も増えます。塾に通っている人は塾の授業時間も増えるなど，やらなければいけない勉強が増えていくでしょう。忙しくなりますが，定期テスト対策をおろそかにしてはいけません。ほかの勉強で忙しくなることを見越したうえで，定期テストでもよい点を取れるように計画的に勉強しましょう。

　定期テストの勉強は，できれば2週間ほど前から取り組むのがオススメです。部活動はテスト1週間前から休みに入るところが多いようですが，その前からテストモードに入るのがいいでしょう。「試験範囲を一度勉強して終わり」ではなく，二度・三度とくり返しやることがよい点をとるためには大事です。

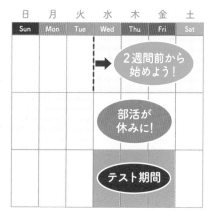

中3のときの成績は高校受験に大きく影響！

　内申点という言葉を聞いたことがある人もいるでしょう。内申点は各教科の5段階の評定（成績）をもとに計算した評価で，高校入試で使用される調査書に記載されます。1年ごとに，実技教科を含む9教科で計算され，たとえば，「9教科すべての成績が4の場合，内申点は4×9＝36」などといった具合です。

　公立高校の入試では，「内申点＋試験の点数」で合否が決まります。当日の試験の点数がよくても，内申点が悪く不合格になってしまうということもあるのです。住む地域や受ける高校によって，「内申点をどのように計算するか」「何年生からの内申点が合否に関わるか」「内申点が入試の得点にどれくらい加算されるか」は異なりますので，早めに調べておくといいでしょう。

　中3のときのテストの点数や授業態度は，大きく入試に影響します。**「受験勉強があるから」と，日々の授業や定期テストを軽視しないように気をつけましょう。**

公立高校入試と私立高校入試のちがいは？

　大きくちがうのは教科の数で，**公立の入試は5教科が一般的なのに対し，私立の入試は英語・数学・国語の3教科が一般的。**ただし教科が少ないといっても，私立の難関校では教科書のレベル以上に難しい問題が出されることもあります。一方，公立入試は，教科書の内容以上のことは出題されないので，対策の仕方が大きく異なることを知っておきましょう。

　また入試は大きく一般入試と，推薦入試に分けられます。一般入試は，主に内申点と当日の試験で合否が決まり，推薦入試は，主に面接や小論文で合否が決まります。推薦入試は，内申点が高校の設定する基準値に達している生徒だけが受けられます。「受かったら必ずその高校に行きます」と約束する単願推薦や，「他の高校も受験します」という併願推薦があります。

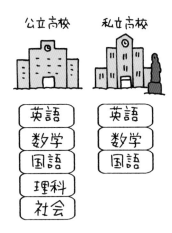

入試はいつあるの？

　受験期間は主に中3の1～3月。まずは1～2月までに，推薦入試と私立高校の一般入試が行われます。公立高校の一般入試は2～3月に行われることが多いです。この時期は風邪やインフルエンザが流行します。体調管理に十分気をつけるようにしましょう。

　志望校を最終的に決めるのは12～1月です。保護者と学校の先生と三者面談をしながら，公立か私立か，共学か男女別学かなどを考え，受ける高校を絞っていきます。6月ごろから秋にかけては高校の学校説明会もあるので，積極的に参加して，自分の目指す高校を決めていきましょう。

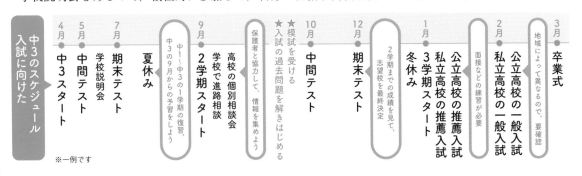

中3のスケジュール　入試に向けた

| 4月 | 5月 | 7月 | | 9月 | | ★ | 10月 | 12月 | | 1月 | | 2月 | | 3月 |

- 4月 中3スタート
- 5月 中間テスト
- 7月 期末テスト
- 7月 学校説明会
- 夏休み 中1～中3の1学期の復習，中3の9月からの予習をしよう
- 9月 2学期スタート
- 高校の個別相談会 学校で進路相談
- 保護者と協力して，情報を集めよう
- ★模試を受ける 入試の過去問題を解きはじめる
- 10月 中間テスト
- 12月 期末テスト
- 2学期までの成績を見て，志望校を最終決定
- 1月 冬休み 3学期スタート
- 1月 私立高校の推薦入試 公立高校の推薦入試
- 面接などの練習が必要
- 2月 公立高校の一般入試 私立高校の一般入試
- 3月 卒業式
- 地域によって異なるので，要確認

※一例です

25

1・2年生で学習してきたことをまとめてあります。模試や入試の前に活用してください。

1   I am 〜.

be動詞の現在・過去の文

【基本例文】

♪01

I'm Ann.

（私はアンです。）

ここで
学習
すること

「…は〜です」「…は〜にいます」という意味を表すbe動詞の現在の文と過去の文を復習します。

【日本語】　私はアンです。

【英　語】　**I am Ann.**

　　　　be動詞が「＝」（イコール）でつなぐ働きをしている。I ＝ Ann

1   be動詞とは

　be動詞とは，現在形が**am，are，is**で，過去形が**was**と**were**になる動詞のことです。be動詞は，主語と，be動詞のあとの語をイコールでつなぐ働きをして，「…は〜です」という意味を表します。

I am Ken.	（私は健です。）
He is in his room.	（彼は自分の部屋にいます。）

♪02

2   現在の文

　be動詞の現在形は**am，are，is**で，主語によって使い分けます。主語による使い分けを確認しておきましょう。

▎参考 be動詞とは

　am，are，is，was，wereは原形（もとの形）が be なので，be動詞と呼ばれます。

> あとに場所を表す語句が続くと「〜にいます」という意味になるよ。

主語	現在形
I	am
You，複数	are
He / She / It など3人称単数	is

♪ 03

You are from Canada.　　（あなたはカナダ出身です。）

She is a good tennis player.　　（彼女はテニスが上手です。）

3　過去の文

be動詞の過去形は **was，were** です。主語による使い分けを確認しておきましょう。

主語	過去形
I	was
He / She / It など3人称単数	was
You，複数	were

♪ 04

He was twelve years old last year.　　（彼は去年12歳でした。）

You were busy yesterday.　　（あなたは昨日忙しかった。）

テストで注意　主語が複数の文

　主語が My brother and I（兄と私）などの複数の文で，be動詞を選ぶ問題がよく出ます。

くわしく──短縮形

I am 　　→I'm
you are 　→you're
he is 　　→he's
she is 　　→she's
it is 　　→it's
we are 　→we're
they are→they're

✔確認　過去の文でよく使う語句

・yesterday（昨日）
・last ～（この前の～）
　last week（先週）
　last Sunday
　（この前の日曜日）
・～ ago（～前に）
　an hour ago（1時間前に）
　two weeks ago（2週間前に）
・at that time（そのとき）
・then（そのとき）

✅チェック問題

次の＿＿に適する語を入れましょう。

(1)　マイクとボブは親友です。

　　Mike and Bob ＿＿＿＿＿＿ good friends.

(2)　こちらはニックです。彼はオーストラリア出身です。

　　This is Nick. ＿＿＿＿＿＿ from Australia.

(3)　私たちはそのとき公園にいました。

　　We ＿＿＿＿＿＿ in the park then.

解　答

(1)　are

　　▶主語が複数の現在の文。

(2)　He's

　　▶He is の短縮形。

(3)　were

27

2 ___ I am not 〜.

be動詞の現在・過去の否定文

> **基本例文**

I am not tired.

（私は疲れていません。）

♪ 05

> ここで
> **学　習**
> すること

「…は〜ではありません」「…は〜にはいません」という意味を表すbe動詞の否定文を復習します。

I am 　　 tired. 　　　　　　　　　（私は疲れています。）

↓ be動詞のあとにnotを入れる

I am not tired. 　　　　　　　　　（私は疲れていません。）

---

1 〉 be動詞の否定文

> notは「〜でない」と打ち消す意味の語だね。

　be動詞の否定文は，be動詞（am, are, is）のあとに「〜でない」という意味の**not**を入れるだけです。

> I am not hungry. 　　（私はおなかがすいていません。）　♪ 06
> She is not from Australia.
> 　　　　　　　（彼女はオーストラリア出身ではありません。）

過去形の**was, were**も同様に，あとにnotを入れるだけです。

> ♪ 07
> He was not at home then. 　（彼はそのとき家にいませんでした。）
> You were not sick yesterday.
> 　　　　　　　（あなたは昨日病気ではありませんでした。）

2 短縮形

否定文では，be動詞とnotを1語にした短縮形がよく使われます。

are not → aren't   is not → isn't

was not → wasn't   were not → weren't

> am notの短縮形
> はないよ！

She isn't a good cook. （彼女は料理が上手ではありません。） ♪08
We weren't in the art club then.
　　　　　　（私たちはそのとき美術部に所属していませんでした。）

✅ チェック問題

次の____に適する語を入れましょう。

(1) 私はバスケットボールの選手ではありません。

　　 I ＿＿＿＿＿＿ ＿＿＿＿＿＿ a basketball player.

(2) 彼女は京都出身ではありません。

　　 She ＿＿＿＿＿＿ ＿＿＿＿＿＿ from Kyoto.

(3) この本はおもしろくありませんでした。

　　 This book ＿＿＿＿＿＿ interesting.

(4) 彼らはそのとき体育館にいませんでした。

　　 They ＿＿＿＿＿＿ in the gym then.

解 答

(1) am not

(2) is not

(3) wasn't
　　▶ was notの短縮形。

(4) weren't
　　▶ were notの短縮形。

Are you 〜?

be動詞の現在・過去の疑問文

Are you Lisa? － Yes, I am.

（あなたはリサですか。―はい，そうです。）

♪09

ここで
学 習
すること

「…は〜ですか」「…は〜にいますか」という意味を表すbe動詞の疑問文を復習します。

You are Lisa. （あなたはリサです。）

↓ be動詞で文をはじめる

Are you Lisa? （あなたはリサですか。）

---

1 ### be動詞の疑問文

be動詞の疑問文は，**be動詞（am, are, is）** で文をはじめます。
疑問文の最後はピリオド(.)ではなく，**クエスチョンマーク(?)** になります。

Are you a teacher?	（あなたは先生ですか。）　♪10
Is she angry?	（彼女は怒っていますか。）

過去形の **was, were** も同様に，be動詞で文をはじめます。

Was it cold last night?	（昨夜は寒かったですか。）　♪11
Were they kind to Mike?	（彼らはマイクに親切でしたか。）

S スピーキング 英文を読む調子

Yes / No で答える疑問文は，文の最後を上げ調子で言います。

・Are you Ann?（ﾉ）
　（あなたはアンですか。）

2 答え方

Is ～?やAre ～?などのbe動詞の疑問文には，**Yes**（はい）か**No**（いいえ）で答えます。be動詞の形は主語に合わせます。

Are you a teacher?	（あなたは先生ですか。） ♪12
— Yes, I am. / No, I'm not.	（はい，そうです。／いいえ，ちがいます。）
Was it cold last night?	（昨夜は寒かったですか。）
— Yes, it was. / No, it wasn't.	（はい。／いいえ。）

3 疑問詞のある疑問文

「何」（What），「だれ」（Who），「いつ」（When）などとたずねるときは，**疑問詞**で文をはじめます。あとには疑問文の形を続けます。

What is this?	（これは何ですか。） ♪13
— It is a school.	（学校です。）
Who is in the kitchen?	（台所にいるのはだれですか。）
— My father is.	（私の父です。）

テストで注意 答えの文の代名詞に注意！

Are you ～?（あなた（たち）は～?）に対しての答えの文では，「私（たち）は～」と答えるので，答えの文の主語はI，またはweにかわります。

スピーキング 英文を読む調子

疑問詞のある疑問文は，文の最後を下げ調子で言います。
・What is this?（↘）
（これは何ですか。）

くわしく 疑問詞が主語の疑問文

左のWho is ～?の文のように疑問詞が主語のときは，あとに続く文がふつうの文と同じ〈主語＋動詞〉の語順になります。

チェック問題

次の＿＿に適する語を入れましょう。

(1) 彼らはカナダ出身ですか。
　＿＿＿＿＿ ＿＿＿＿＿ from Canada?

(2) あの女の子はだれですか。
　＿＿＿＿＿ ＿＿＿＿＿ that girl?

(3) あれらは何ですか。
　＿＿＿＿＿ ＿＿＿＿＿ those?

解　答

(1) Are they

(2) Who is

(3) What are
　▶those が複数なので，
　What are とする。

31

4 I play 〜.

一般動詞の現在の文

基本例文

I play soccer.

（私はサッカーをします。）

♪14

ここで
学習
すること

「…は〜します」という意味を表す一般動詞の現在の文を復習します。

【日本語】　私はサッカーをします。

【英　語】　I　play　soccer.
　　　　　　主語　動詞　目的語

---

1 一般動詞とは

　一般動詞とは，be動詞以外のすべての動詞のことをさします。日本語では「私はサッカーをします」などと言いますが，英語では「〜を」にあたる語は一般動詞のあとにきます。日本語との語順のちがいに注意しましょう。

I have a bike.　　　　（私は自転車を持っています。）♪15
I run in the park.　　 （私は公園で走ります。）

2 現在の文

　一般動詞の現在形は，主語が**3人称単数**のときにだけ，動詞の語尾に**s**または**es**をつけます。主語がIやYouや複数のときは，形はかわりません。

✔確認 **「〜を」にあたる語**

　「主語」「動詞」に対して，「〜を」にあたる語を「目的語」と言います。目的語については，目的語のある文とない文が，あります。

✔確認 **「3人称」とは**

　「3人称」とは，I（私＝1人称）とyou（あなた（たち）＝2人称）以外の人や物をさします。

主語	現在形
I，You，複数	play
He / She / It など3人称単数	plays

I play baseball.　　　　（私は野球をします。）　　♪16
They like dogs.　　　　（彼らは犬が好きです。）

He plays baseball.　　　（彼は野球をします。）
My mother likes dogs.　（私の母は犬が好きです。）

3　3単現のsのつけ方

　主語が3人称単数の現在の文では，動詞の語尾にsまたはesをつけます。これを「3単現（3人称単数・現在形）のs」と言います。「3単現のs」は，動詞の語尾の形によってつけ方が異なります。

動詞	sのつけ方	例
ふつうの語	sをつける	come（来る）→ comes run（走る）→ runs
o, s, x, ch, sh で終わる語	es をつける	go（行く）→ goes watch（〜を見る）→ watches
〈子音字＋y〉で終わる語	y を i にかえて es をつける	study（〜を勉強する）→ studies try（〜を試みる）→ tries

（例外）have（〜を持っている）→ has

> テストで注意　〈母音字＋y〉の動詞のsのつけ方
> 　play や enjoy などの語尾は〈子音字＋y〉ではなく，y の前が母音字（a,i,u,e,o）なので，そのまま s をつけます。
> play（〜をする）→ plays
> enjoy（〜を楽しむ）→ enjoys

✓ チェック問題

次の＿＿に適する語を入れましょう。

(1)　私たちはバスで学校へ行きます。

　　We ＿＿＿＿＿＿ to school by bus.

(2)　私の兄は毎日英語を勉強します。

　　My brother ＿＿＿＿＿＿ English every day.

(3)　ケイトには兄弟が2人います。

　　Kate ＿＿＿＿＿＿ two brothers.

　　　　　　　　　解　答

(1)　go

(2)　studies

(3)　has

5　I played 〜.

一般動詞の過去の文

基本例文

♪ 17

I played soccer yesterday.

（私は昨日サッカーをしました。）

ここで **学 習** すること

「…は〜しました」という意味を表す一般動詞の過去の文を復習します。

【日本語】　私は昨日サッカーをしました。

【英　語】　I played soccer yesterday.

主語 動詞(過去形)　　目的語

1　過去の文

「〜しました」のように過去のことを言うときは，動詞を**過去形**にします。

一般動詞には，過去形をつくるとき規則的に変化する動詞（**規則動詞**）と1語1語変化が異なる動詞（**不規則動詞**）とがあります。

2　規則動詞

一般動詞の過去形は，動詞の語尾に**ed**または**d**をつけます。ed, dのつけ方は次の通りです。

動詞	(e)dのつけ方	例
ふつうの語	edをつける	walk（歩く）　→walked look（見る）　→looked
eで終わる語	dだけをつける	live（住む）　→lived use（〜を使う）→used

 edのつけ方

　playやenjoyなどはyの前が母音字(a,i,u,e,o)なので，そのままedをつけます。
play（〜をする）→played
enjoy（〜を楽しむ）
→enjoyed

34

〈子音字＋y〉で終わる語	yをiにかえてedをつける	study（〜を勉強する）→ studied try（〜を試みる）→ tried
stop, drop など	語尾の1字を重ねてed	stop（止まる）→ stopped drop（〜を落とす）→ dropped

♪18

I walked to school yesterday. （私は昨日学校へ歩いて行きました。）
He studied English yesterday. （彼は昨日英語を勉強しました。）

くわしく 語尾を重ねてedをつける語

stop, drop など，語尾が〈子音字＋アクセントのある母音字＋子音字〉で終わる語は，語尾の1字を重ねてedをつけます。
ほかに，plan（〜を計画する）→ planned などがあります。

3 不規則動詞

不規則動詞の過去形は，それぞれ変化が異なります。

おもな不規則動詞

go（行く）→ went	come（来る）→ came
have（〜を持っている）→ had	get（〜を得る）→ got
know（〜を知っている）→ knew	run（走る）→ ran
give（〜を与える）→ gave	see（〜を見る）→ saw
make（〜を作る）→ made	buy（〜を買う）→ bought
put（〜を置く）→ put	read（〜を読む）→ read
speak（〈〜を〉話す）→ spoke	take（〜を取る）→ took
tell（〜を話す）→ told	write（〜を書く）→ wrote

不規則動詞の過去形は，1語ずつ覚えよう。

R リーディング readの過去形の発音に注意!

read は原形も過去形も形は同じですが，原形は [ri:d リード]，過去形は [red レッド] と発音します。

♪19

I went shopping last Sunday.
（私はこの前の日曜日に買い物に行きました。）
He got up at seven this morning. （彼は今朝7時に起きました。）

チェック問題

次の（　）内の語を適する形にかえて入れましょう。

(1) 私たちはバスで博物館へ行きました。
We ＿＿＿＿＿＿ to the museum by bus. （go）

(2) アンは上手に日本語を話しました。
Ann ＿＿＿＿＿＿ Japanese well. （speak）

(3) 父が私にこの本をくれました。
My father ＿＿＿＿＿＿ me this book. （give）

解答

(1) went

(2) spoke

(3) gave

6 I don't play ～.

一般動詞の現在と過去の否定文

> 基本例文

I **don't play** tennis.

（私はテニスをしません。）

| ここで **学　習** すること | 「…は〜しません」「…は〜しませんでした」という意味を表す一般動詞の否定文を復習します。 |

I　　　**play tennis.** （私はテニスをします。）

↓ 動詞の前に don't

I **don't** <u>play</u> **tennis.** （私はテニスをしません。）

動詞は原形

1 一般動詞の否定文

　一般動詞の現在の否定文は，主語が I，You，複数なら動詞の前に **do not** を入れます。do not のあとの動詞は**原形**です。

♪ 21

I do not like soccer. （私はサッカーが好きではありません。）
They do not speak Japanese. （彼らは日本語を話しません。）

　主語が3人称単数のときは，動詞の前に **does not** を入れます。does not のあとの動詞は原形にします。

♪ 22

Yumi does not play the piano. （由美はピアノを弾きません。）

テストで 注意 **be 動詞は使わない**

　一般動詞の否定文に be 動詞を使うまちがいが多いので注意しましょう。
× He *isn't* play tennis.
○ He doesn't play tennis.
　（彼はテニスをしません。）

過去の文なら，主語に関係なく動詞の前に**did not**を入れます。did notのあとの動詞は原形にします。

> He watched TV last night. （彼は昨夜テレビを見ました。） ♪23
> He did not watch TV last night. （彼は昨夜テレビを見ませんでした。）

2 短縮形

否定文では，do，does，didとnotを1語にした短縮形がよく使われます。

do not → don't　　　　　does not → doesn't
did not → didn't

> We don't have a pet. ♪24
> （私たちはペットを飼っていません。）
> She didn't go to the museum.
> （彼女は博物館に行きませんでした。）

✓ チェック問題

次の＿＿に適する語を入れましょう。

(1) 彼らは日曜日には学校へ行きません。
　　They ＿＿＿＿＿＿ ＿＿＿＿＿＿ go to school on Sundays.

(2) 彼は携帯電話を持っていません。
　　He ＿＿＿＿＿＿ ＿＿＿＿＿＿ a cellphone.

(3) 私は昨日彼女に会いませんでした。
　　I ＿＿＿＿＿＿ ＿＿＿＿＿＿ her yesterday.

(4) 由美は昨日ピアノを弾きませんでした。
　　Yumi ＿＿＿＿＿＿ ＿＿＿＿＿＿ play the piano yesterday.

＿＿＿＿＿＿ 解答 ＿＿＿＿＿＿

(1) do not

(2) doesn't have
　　▶空所の数からdoes notの
　　　短縮形のdoesn'tを入れる。

(3) didn't see［meet］
　　▶空所の数からdid notの
　　　短縮形のdidn'tを入れる。

(4) did not

7 Do you ～?

一般動詞の現在と過去の疑問文

基本例文

Do you play tennis? — Yes, I do.

♪25

（あなたはテニスをしますか。―はい，します。）

ここで 学 習 すること
「…は～しますか」「…は～しましたか」という意味を表す一般動詞の疑問文を復習します。

> **You play tennis.**　　　　　　　　（あなたはテニスをします。）
>
> ↓ Doで文をはじめる
>
> **Do you play tennis?**　　　　　　（あなたはテニスをしますか。）
>
> ↑ 動詞は原形

1 一般動詞の疑問文

　一般動詞の現在の疑問文は，主語がI，you，複数なら**Do**で，主語が3人称単数なら**Does**で文をはじめます。過去なら，主語に関係なく**Did**で文をはじめます。あとに続く動詞は**原形**にします。

> **Does Lisa live in Tokyo?** （リサは東京に住んでいますか。）♪26
> **Did you watch TV last night?** （あなたは昨夜テレビを見ましたか。）

2 答え方

　Do ～? の疑問文にはdoを，Does ～? の疑問文にはdoesを，Did ～? の疑問文にはdidを使って，**Yes, ～ do[does / did].** または **No, ～ don't[doesn't / didn't].** で答えます。

Do you get up at six?　　（あなたは6時に起きますか。）　♪27
— Yes, I do. / No, I don't.　（はい。／いいえ。）

Did they use this room?　　（彼らはこの部屋を使いましたか。）
— Yes, they did. / No, they didn't.　　（はい。／いいえ。）

❸ 疑問詞があるとき

　What（何）やWhere（どこで）などの疑問詞がつくときは，疑問詞で文をはじめて，do you ～?などの疑問文の形を続けます。

Where does she live?　　（彼女はどこに住んでいますか。）　♪28
— She lives in this town.　（彼女はこの町に住んでいます。）

 発展 **疑問詞が主語のときの語順**

　疑問詞が主語のときは，あとはふつうの文と同じように，動詞が続きます。

・Who came here yesterday?
（昨日だれがここに来ましたか。）

✅ チェック問題

次の＿＿に適する語を入れましょう。

(1) 隆はパーティーに来ましたか。—はい，来ました。

＿＿＿＿＿＿＿＿ Takashi ＿＿＿＿＿＿＿＿ to the party?

—Yes, he ＿＿＿＿＿＿＿.

(2) あなたのお母さんは何時に起きますか。—毎朝6時に起きます。

＿＿＿＿＿＿＿ time ＿＿＿＿＿＿＿ your mother get up?

—She ＿＿＿＿＿＿＿ up at six every morning.

(3) あなたは昨日何をしましたか。—私は買い物に行きました。

＿＿＿＿＿＿＿＿ ＿＿＿＿＿＿＿＿ you do yesterday?

—I ＿＿＿＿＿＿＿ shopping.

解　答

(1) Did, come / did
　▶過去の疑問文。

(2) What, does / gets
　▶答えの文の動詞を3単現の形にする。

(3) What, did / went
　▶答えの文の動詞を過去形にする。

8 I am playing 〜.

進行形の文

基本例文 ♪29

I am studying English.

（私は英語を勉強しています。）

ここで **学習** すること

「〜しています」「〜していました」という意味を表す現在進行形の文と過去進行形の文を復習します。

I study English.　（私は英語を勉強します。）

↓ 〈be動詞＋ing形〉

I am studying English.　（私は英語を勉強しています。）

---

1 進行形の文

現在進行形は〈am[are, is]＋動詞のing形〉で表す。過去進行形は〈was, were＋動詞のing形〉で表します。be動詞は主語と時制に合わせて使い分けます。（→p.27）

動詞のing形は語尾によって，おもに次の3通りがあります。

動詞	ingのつけ方	例
ふつうの語	ingをつける	walk（歩く）→ walking
eで終わる語	eをとってing	make（作る）→ making
〈短母音字＋子音字〉	語尾の1字を重ねてing	run（走る）→ running swim（泳ぐ）→ swimming

He is reading a newspaper. （彼は新聞を読んでいます。）♪30
We are running in the park. （私たちは公園を走っています。）
It was raining in the morning. （午前中は雨が降っていました。）

参考 ing形の形容詞用法

動詞のing形は「現在分詞」とも言います。進行形だけでなく，分詞の形容詞用法でも使われます（→p.146）

くわしく ing形の例外

〈母音字＋子音字〉で終わる語でも，次のときは語尾の1語を重ねません。
・母音字が2文字のとき
cook→cooking
・子音字が2文字のとき
help→helping
・最後の母音字にアクセントがないとき
visit→visiting

2　否定文

　ふつうのbe動詞の文と同じで，否定文はbe動詞のあとに**not**を入れます。

> I'm not watching TV.　　　（私はテレビを見ていません。）♪31
> He isn't playing tennis.　　　（彼はテニスをしていません。）
> They were not swimming.　　　（彼らは泳いでいませんでした。）

3　疑問文と答え方

　疑問文は，be動詞で文を始めて，Yes, Noで答えます。疑問詞のある疑問文は，疑問詞で文を始めます。

> Are you watching TV?　（あなたはテレビを見ていますか。）♪32
> — Yes, I am. / No, I'm not.　（はい。／いいえ。）
> Were you watching TV?　（あなたはテレビを見ていましたか。）
> — Yes, I was. / No, I was not.　（はい。／いいえ。）
> What are you doing?　（あなたは何をしていますか。）
> — I'm looking for my pen.　（私はペンを探しています。）

✔確認　疑問詞があるとき

　疑問詞があるときは，疑問詞で文を始め，あとに疑問文の形を続けます。
・What are you studying?
　— I'm studying English.
（何を勉強していますか。— 英語です。）

くわしく　Who is ～ing?

　疑問詞が主語のときは，あとはふつうの文の語順になります。
・Who is cooking in the kitchen?
　— My father is.
（だれが台所で料理していますか。—父です。）

✔チェック問題

次の＿＿に適する語を入れましょう。

(1)　彼はテレビゲームをしています。

　　He ＿＿＿＿＿＿ ＿＿＿＿＿＿ video games.

(2)　私は眠っていませんでした。

　　I was ＿＿＿＿＿＿ ＿＿＿＿＿＿.

(3)　あなたは何を作っていますか。

　　＿＿＿＿＿＿ ＿＿＿＿＿＿ you making?

解　答

(1)　is playing

(2)　not sleeping

(3)　What are

9 未来の文（be going to）

be going to を使った未来の文

♪33

基本例文

I'm going to play tennis tomorrow.

（私は明日テニスをするつもりです。）

ここで
学 習
すること

「…は〜するつもりです」や「〜するだろう」と未来のことを表す be going to の使い方を復習します。

I   play tennis.   （私はテニスをします。）

↓ be動詞は，主語によって am, are, is を使い分ける

I am going to play tennis tomorrow.   （私は明日テニスを
するつもりです。）

1 未来の文

「明日〜するつもりです」のように「未来」のことを表すときは，動詞の前に **be going to** を入れます。

2 be going to の形

be going to の be動詞は，主語によって **am, are, is** を使い分けます。be going to のあとの動詞はいつも**原形**にします。主語による be動詞の使い分けを確認しておきましょう。（→ p.26）

I am going to run tomorrow morning.   **♪34**
（私は明日の朝，走るつもりです。）

She is going to play tennis next Saturday.
（彼女は次の土曜日にテニスをするつもりです。）

✔確認 **未来の文でよく使う
語句**
・tomorrow（明日）
　tomorrow morning
　（明日の朝）
・next 〜（次の〜，今度の〜）
　next week（来週）
　next Sunday（次の日曜日）
・some day（いつか）
・in 2030（2030年に）
・in the future（将来）

42

10 — I'm not going to ～.

be going to の否定文

> **基本例文** ♪ 35
>
> # I'm not going to play tennis tomorrow.
>
> （私は明日テニスをするつもりはありません。）

> 「…は～するつもりはありません」という **be going to** の否定文を復習します。
>
> I am　　 going to play tennis.　　（私はテニスをするつもりです。）
>
> ↓ be動詞のあとにnotを入れる
>
> I am not going to play tennis tomorrow.　（私は明日テニスをする つもりはありません。）

be going to の否定文は，be動詞（am, are, is）のあとに**not**を入れるだけです。「～するつもりはありません」という意味を表します。

♪ 36

He's not going to be at home. （彼は家にいるつもりはありません。）
They're not going to buy the book.
（彼らはその本を買うつもりはありません。）

テストで注意 **do, does は使わない！**

be going to の 否定文 では，do や does は使いません。
× I *don't* going to eat lunch.
○ I am not going to eat lunch.
（私は昼食を食べるつもりはありません。）

✓ **チェック問題**

次の＿＿に適する語を入れましょう。

(1) 彼らは来週中国を訪れます。

They ＿＿＿＿＿＿ ＿＿＿＿＿＿ to visit China next week.

(2) 彼女は明日トムに会う予定はありません。

She ＿＿＿＿＿ going to ＿＿＿＿＿ Tom tomorrow.

解答

(1) are going

(2) isn't, see[meet]
　▶空所の数からis not の短縮形のisn't を使う。

11 | Are you going to 〜?

be going to の疑問文

基本例文

♪ 37

Are you going to visit Kyoto?

（あなたは京都を訪れるつもりですか。）

ここで 学習 すること

「…は〜するつもりですか」という be going to の疑問文を復習します。

You are going to visit Kyoto.　　（あなたは京都を訪れるつもりです。）

↓ Are で文をはじめる

Are you　　going to visit Kyoto?　（あなたは京都を訪れるつもりですか。）

---

1 be going to の疑問文

be going to の疑問文は，**be動詞（am, are, is）**で文をはじめます。「〜するつもりですか」という意味を表します。

2 答え方

be going to の疑問文には**be動詞**を使って答えます。答えるときの be 動詞の形は主語に合わせます。

♪ 38

Are you going to go shopping? （あなたは買い物に行くつもりですか。）
— Yes, I am. / No, I'm not.　　（はい。／いいえ。）

⋯⋯⋯⋯⋯⋯⋯⋯⋯⋯⋯⋯⋯⋯⋯⋯⋯⋯⋯⋯⋯⋯⋯⋯⋯⋯⋯⋯

Is it going to rain this afternoon? （今日の午後雨が降るでしょうか。）
— Yes, it is. / No, it isn't.　　（はい。／いいえ。）

テストで 注意 do, does は使わない!

be going to の疑問文では，do や does は使いません。
× _Does_ it going to rain?
○ Is it going to rain?
（雨が降るでしょうか。）

3 「何をするつもりですか」

「あなたは何をするつもりですか」と相手の予定をたずねるときは，**What**に be going to の疑問文の形を続けます。この疑問文には，be going to を使って，することを具体的に答えます。

> **What are you going to do tomorrow?**　♪ 39
> 　　　　　　　　　　　　　（あなたは明日何をするつもりですか。）
> — **I'm going to play soccer.**　（サッカーをするつもりです。）

4 その他の疑問詞のある疑問文

「どこ」（Where）や「いつ」（When）などとたずねるときは，疑問詞で文をはじめます。あとには疑問文の形を続けます。この疑問文には，be going to を使って，疑問詞の問う内容を具体的に答えます。

> **Where is he going to go this summer?**　♪ 40
> 　　　　　　　　　　　　（彼はこの夏どこに行く予定ですか。）
> — **He's going to go to Hokkaido.**　（彼は北海道へ行く予定です。）

> **発展　疑問詞が主語のときの語順**
>
> 　疑問詞が主語のときは，あとに動詞がきて，ふつうの文の語順になります。
> ・Who is going to visit her?
> — Kumi and I are（going to visit her）.
> 　（だれが彼女を訪問する予定ですか。— 久美と私です。）

☑チェック問題

次の＿＿に適する語を入れましょう。

(1) 明日は雪が降るでしょうか。
　　＿＿＿＿＿＿ it ＿＿＿＿＿＿ to snow tomorrow?

(2) あなたは明日の朝は何時に起きる予定ですか。
　　＿＿＿＿＿＿ time ＿＿＿＿＿＿ you going to get up tomorrow morning?

> 解 答
>
> (1) Is, going
>
> (2) What, are
> ▶ What time のあとは疑問文の形にする。

45

12　I will 〜.

助動詞willを使った未来の文

I will play tennis tomorrow.

（私は明日テニスをします。）

ここで
学習
すること

「…は〜します」「…は〜するでしょう」と未来のことを表すwillの使い方を復習
します。

I　　　 play tennis.　　　　　　　　　　　（私はテニスをします。）

↓　動詞の前にwill。動詞は原形

I　will play tennis tomorrow.　　　　　　（私は明日テニスをします。）

1　will の文

「〜します」「〜するでしょう」と，その場で決めたことや未来の予
測などを言うときは，**will**を動詞の前に入れて表すことができます。
willは主語によって形がかわることはなく，あとの動詞はいつも**原形**
にします。

主語	助動詞	動詞の原形
I		
He / She / It など3人称単数	will	play など
You		
We / They など複数		

✔確認　〈主語＋will〉の
　　　短縮形
・I will → I'll
・you will → you'll
・he will → he'll
・she will → she'll
・it will → it'll
・we will → we'll
・they will → they'll

I'll help her.　　　　　（私は彼女を手伝います。）　　♪ 41
She will be fourteen next month.　（彼女は来月14歳になります。）

2 (willとbe going toの使い分け)

どちらも未来の内容を表しますが，基本的には，別れ際の「今夜，電話する」のように「その場で決めたこと」を言う場合には，**will** を使います。それに対して前から「今夜，電話する予定にしている」のように「すでに決まっている予定」や「心に決めていたこと」を言う場合には，**be going to** を使います。

♪ 43

I'll call you tonight.　　　　　（私は今夜あなたに電話します。）

I'm going to call you tonight.

（私は今夜あなたに電話するつもりです。）

☑チェック問題

次の＿＿にwillかam going toのどちらかを入れましょう。

(1)　（「明日はひま？」と聞かれて）明日はテニスをする予定です。

I ＿＿＿＿＿＿＿＿＿＿ play tennis tomorrow.

(2)　（テニスの話でもり上がって，今決めて）明日はテニスをします。

I ＿＿＿＿＿＿＿＿＿＿ play tennis tomorrow.

解答

(1)　am going to

(2)　will

47

13 I won't 〜.

助動詞 will の否定文

♪ 44

I **won't** play tennis tomorrow.

（私は明日テニスをしません。）

ここで
学習
すること

「…は〜しません」「…は〜しないでしょう」と未来のことを表すwillの否定文を復習します。

I will play tennis tomorrow. （私は明日テニスをします。）

↓ willのあとにnot

I will not play tennis tomorrow. （私は明日テニスをしません。）

willの否定文は，**will**のあとに**not**を入れるだけです。「〜しません」「〜しないでしょう」という意味を表します。will notは短縮形の**won't**がよく使われます。

♪ 45

He won't get there at two. （彼は2時にはそこに着かないでしょう。）
We won't practice next Sunday.
　　　　　　（私たちは次の日曜日には練習しません。）

テストで
注意
**don'tやdoesn'tは
使わない！**

will の 否 定 文 で は，don'tやdoesn'tは使いません。
× I *don't* will go there.
○ I will not go there.
　（私はそこへは行きません。）

次の___に適する語を入れましょう。

(1) 彼女はよい医者になるでしょう。

　　 She _____ _____ a good doctor.

(2) 私は明日ここに来ません。

　　 I _____ _____ here tomorrow.

解　答

(1) will be[become]
　　▶willのあとの動詞は原形。

(2) won't come
　　▶短縮形のwon'tを使う。

14 Will you 〜?

助動詞 will の疑問文

基本例文

♪ 46

Will you play tennis tomorrow?

（あなたは明日テニスをしますか。）

ここで **学習** すること

「…は〜しますか」と未来のことを表す will の疑問文を復習します。

You will play tennis tomorrow. （あなたは明日テニスをします。）

↓ Will で文をはじめる

Will you **play tennis tomorrow?** （あなたは明日テニスをしますか。）

1 will の疑問文

willの疑問文は，**willを主語の前に出して**，Will you 〜? や Will she 〜? などで文をはじめます。「〜しますか」「〜するでしょうか」という意味を表します。

2 答え方

willの疑問文には，ふつうwillを使って，**Yes, 〜 will.** か **No, 〜 will not.** で答えます。will notは短縮形の **won't** がよく使われます。

テストで注意 **do や does は 使わない!**

will の疑問文では，do や does は使いません。

× *Do* you will go there?
○ Will you go there?
（あなたはそこへ行きますか。）

参考 **依頼を表す Will you 〜?**

Will you 〜? は「〜してくれますか」という「依頼」の意味でも使われます。

・Will you open the door?
— Sure.
（ドアを開けてくれますか。
— いいですよ。）

♪ 47

Will it be sunny this weekend?　（今週末は晴れでしょうか。）
— Yes, it will. / No, it won't.　（はい。／いいえ。）

Will they come here next week?　（彼らは来週ここへ来るでしょうか。）
— Yes, they will. / No, they won't.　（はい。／いいえ。）

3　疑問詞のある疑問文

「何」(What)，「いつ」(When)などとたずねるときは，疑問詞で文をはじめます。あとにはwill you 〜?などの疑問文の形を続けます。

疑問詞がある疑問文には，willを使って，疑問詞の問う内容を具体的に答えます。

♪ 48

What will you have for lunch?　（あなたは昼食に何を食べますか。）
— I'll have *soba*.　（そばを食べます。）

How will the weather be tomorrow?
　　　　　　　　　　　　（明日の天気はどうでしょうか。）
— It'll be sunny.　（晴れるでしょう。）

発展　**疑問詞が主語のときの語順**

疑問詞が主語のときは，あとにwillと動詞がきて，ふつうの文の語順になります。

・Who will come to the party?
— Mark will.
（だれがパーティーに来ますか。
　— マークが来ます。）

☑チェック問題

次の＿＿に適する語を入れましょう。

(1) 彼は今夜彼女に電話しますか。
　　＿＿＿＿＿＿ he ＿＿＿＿＿＿ her tonight?

(2) この週末の天気はどうでしょうか。
　　＿＿＿＿＿＿ ＿＿＿＿＿＿ the weather be this weekend?

解　答

(1)　Will, call

(2)　How will
　▶「どう」はHowでたずねる。あとは疑問文の語順にする。

15 比較の文

「AはBより背が高い」「Aはいちばん背が高い」という意味を表す文

基本例文

♪49

He is taller than his father.

（彼は父親より背が高いです。）

「AはBより〜」「Aはいちばん〜」という意味を表す比較級の文や最上級の文を復習します。

He is tall.　　　　　　　　　　（彼は背が高い。）

↓〈比較級＋than 〜〉

He is taller than his father.　（彼は父親より背が高い。）

1 比較級・最上級の規則変化

「より背が高い」にあたる形を**比較級**,「いちばん背が高い」という形を**最上級**と言います。比較級, 最上級の作り方は, おもに次の5通りがあります。

形容詞・副詞	原級	比較級	最上級
ふつうの語→語尾にer, estをつける	tall　背が高い old　古い	taller older	tallest oldest
eで終わる語→語尾にr, stをつける	large　大きい nice　すてきな	larger nicer	largest nicest
〈子音字＋y〉→yをiにかえてer, est	easy　簡単な busy　忙しい	easier busier	easiest busiest
語尾を重ねてer, estをつける	big　大きい hot　暑い, 熱い	bigger hotter	biggest hottest
長めの語→前にmore, mostをつける	beautiful　美しい	more beautiful	most beautiful

参考 原級

比較級, 最上級に対して, 変化しない元の形を原級と言います。

くわしく 長めの語

2音節の語の大部分と3音節以上の語, 〈形容詞＋ly〉の副詞は, more や most をつけます。

テストで注意 不規則変化

不規則に変化する語もあります。
good（よい）, well（上手に）
→better － best
many（多数の）, much（多量の）
→more － most
bad（悪い）, ill（病気の）
→worse － worst
little（少量の）
→less － least

2 比較級の文

「AはBより〜です」という文は〈A am[is,are]＋比較級＋than B.〉で表します。「AはBより速く走る」のように副詞を使った比較級の文では，一般動詞のあとに〈比較級＋than B〉を続けます。

> He is younger than Mike.　　（彼はマイクより若いです。）　♪ 50
> She runs faster than Lisa.　　　（彼女はリサより速く走ります。）
> This picture is more beautiful than that one.
> 　　　　　　　　　（この写真はあれよりも美しいです。）

3 「どちらがより〜か」の文

「AとBではどちらがより〜ですか」とたずねるときは，〈Which＋動詞＋比較級, A or B?〉の形で表します。

> Which is older, this bag or that bag?　　♪ 51
> 　　　　　　（このかばんとあのかばんでは，どちらがより古いですか。）
> Who swims faster, Bob or Ken?
> 　　　　　　（ボブと健ではどちらがより速く泳ぎますか。）

4 最上級の文

3つ[3人]以上を比べて「Aは…の中でいちばん〜」と言うときは〈A am[is,are]＋the＋最上級＋of[in] ….〉で表します。「Aはいちばん速く走る」のように副詞を使った最上級の文では，一般動詞のあとに〈the＋最上級＋of[in] …〉を続けます。

> He is the youngest of the three.　　♪ 52
> 　　　　　　　　　（彼は3人の中でいちばん若いです。）
> She runs the fastest in this class.
> 　　　　　　　　（彼女はこのクラスの中でいちばん速く走ります。）
> This picture is the most beautiful in this museum.
> 　　　　　　　　（この写真はこの博物館でいちばん美しいです。）

くわしく → than me

「私よりも背が高い」のように，thanのあとに代名詞がくるときは次のように表すことが多いです。
・She is taller than I am.

話し言葉では，I amの代わりに，目的格の代名詞を使うことがあります。
・She is taller than me.

✔確認 代名詞のone

than that oneのoneは，名詞のくり返しをさけるために使います。左の例文では，than that pictureという意味で，pictureの代わりに使われています。

くわしく → 人を比べるとき

人を比べて「どちらがより〜ですか」とたずねるときは，whoを使って，〈Who is＋比較級, A or B?〉の形で表す。

✔確認 ofとinの使い分け

最上級の文で，「〜の中で」と比べる対象や範囲を表すときofかinを使います。

ofはあとに複数を表す語句が，inはあとに場所や範囲を表す語句が続きます。
・of the three （3つ[3人]の中で）
　of us all （私たちみんなの中で）
・in Japan （日本で）
　in my family （私の家族の中で）

5 「どちらが〜か」の文

3つ[3人]以上の中で「どれ[何/だれ]がいちばん〜ですか」とたずねるときは，〈Which[What / Who]＋動詞＋the＋最上級＋of[in] …?〉の形で表します。

> Which is the oldest of the three? ♪53
> 　　　　　　　　　　（3つの中でどれがいちばん古いですか。）
> Who gets up the earliest in your family?
> 　　　　　　（あなたの家族の中でだれがいちばん早く起きますか。）
> Which is the most interesting of these books?
> 　　　　　（これらの本の中では，どれがいちばんおもしろいですか。）

6 「BよりAが好き」「Aがいちばん好き」

「BよりAのほうが好きです」と言うときは，〈like A better than B〉で表します。3つ以上の中で「…の中でAがいちばん好きです」と言うときは，〈like A the best of[in] …〉で表します。

「AとBではどちらがより好きですか」とたずねるときは，〈Which do you like better, A or B?〉の形で表します。また，3つ[3人]以上の中で「どれ[何/だれ]がいちばん好きですか」は，〈Which[What / Who] do you like the best?〉の形で表します。

> Which do you like better, green or blue? ♪54
> 　　　　　　　　　　（緑と青ではどちらの方が好きですか。）
> ― I like blue better than green. （私は緑より青が好きです。）
> What subject do you like the best?
> 　　　　　　　　　（あなたは何の教科がいちばん好きですか。）
> ― I like math the best of all subjects.
> 　　　　　　（私はすべての教科の中で数学がいちばん好きです。）

✔確認 **What[Which]＋名詞**

「何の…がいちばん〜か」や「どの…がいちばん〜か」のように言うときは，WhatやWhichのあとに名詞を続けます。

・What color do you like the best?
（あなたは何色がいちばん好きですか。）

7 「…と同じくらい〜」

2つ[2人]を比べて同じくらいであることを表すときは〈as 〜 as …〉で表します。as と as の間には，形容詞や副詞の原級（変化しない元の形）が入ります。否定文の **not as 〜 as …** は「…ほど〜でない」という意味になります。

Naomi is as tall as her mother.　♪55
　　　　　　　（ナオミは彼女の母親と同じくらいの身長です。）
Naomi is not as tall as her mother.
　　　　　　　（ナオミは彼女の母親ほど背が高くありません。）
Can you swim as fast as Shota?
　　　　　　　（あなたはショウタと同じくらい速く泳げますか。）
I can't swim as fast as Shota.
　　　　　　　（私はショウタほど速く泳げません。）

■ 参考　not so 〜 as …

as 〜 as …の否定文では，前のasの代わりにsoを使うこともあります。

・Your bike is not so old as mine.
（あなたの自転車は私のほど古くはありません。）

✅チェック問題

次の＿＿に適する語を入れましょう。

(1) 10月は9月より長いです。

October is ＿＿＿＿ than September.

(2) 2月は1年の中でいちばん短いです。

February is the ＿＿＿＿ of the year.

(3) スポーツと音楽とではどちらの方が好きですか。

＿＿＿＿ do you like ＿＿＿＿ ,
sports ＿＿＿＿ music?

(4) アンは有紀と同じくらいの背の高さです。

Ann is ＿＿＿＿ ＿＿＿＿ as Yuki.

解 答

(1) longer

(2) shortest

(3) Which, better, or
　▶「AとBではどちらの方が好きですか」は，Which do you like better, A or B? で表す。

(4) as tall
　▶「Aと同じくらい〜」は as 〜 as A。

1章

受け身

「受け身」とは

受け身（受動態）の意味と形

♪01

基本例文

This computer **is used** every day.

（このコンピューターは毎日使われます。）

ここで
学 習
すること

「～される」という「受け身」の文は，**be動詞のあとに過去分詞を続けます。**

【ふつうの文】 I　　　　　　　　　use this computer every day.
↓ be動詞のあとに
過去分詞を続ける
（私はこのコンピューターを毎日使います。）

【受け身の文】 **This computer is used**　　　　　every day.
目的語が主語になる
（このコンピューターは毎日使われます。）

---

1 「受け身」とは

「…は～する」「…は～した」というような，「する側」の立場から
表した文ではなく，「される側」の立場に立って，「…は～される」
「…は～された」という言い方が**「受け身」**の文です。

I use this computer.
→「私」に焦点

This computer is used.
→「コンピューター」に焦点

> **参考** 受動態と能動態
>
> 「受け身」の文は，「受動態」の文
> と言うこともあります。
>
> また，「…は～される」を「受け
> 身」「受動態」と言うのに対して，
> 「…は～する」という文は，「能動
> 態」と言います。

「受け身」の文は，「この寺は100年前に建てられた」「この道具は〜のために使われる」のように，**ものを主語にして「〜される」と説明するとき**などによく使われます。

2　「受け身」の文の形

「…は〜される」という「受け身」の文は，**be動詞のあとに過去分詞**を続けて表します。be動詞は，現在の文ならam，is，areを主語に合わせて使い分けます。

主語	現在形	過去分詞
I	am	
He / She / It など3人称単数	is	〜ed
You	are	など
We / They など複数		

We use this to cut paper.　　　♪02
（私たちはこれを紙を切るために使います。）

This is used to cut paper.
（これは紙を切るために使われます。）

3　by 〜 がつくこともある

「…によって使われます」のように，「だれによって」されるのか，つまり動作をする人を明確にするときは，受け身の文に **by 〜** を加えます。

This song is sung by many people.　　♪03
（この歌はたくさんの人によって歌われています。）

The dishes are washed by my brother.
（食器は私の兄[弟]によって洗われます。）

▷くわしく　**「受け身」で表現される内容の例**

・英語はたくさんの国で話されています。
・この本は芥川龍之介によって書かれました。

■参考　**過去分詞とは**

「過去分詞」とは動詞が変化した形の1つです。
（→p.58）

✔確認　**be動詞を使う文**

・She is my mother.
（彼女は私の母です。）
・I'm studying now.
（私は今勉強しています。）
・He is going to play tennis.
（彼はテニスをするつもりです。）
・There is a pen on the desk.
（机の上にペンがあります。）

テストで注意　**byのあとの代名詞**

by のあとに代名詞がくるときは目的格にします。
・The dishes are washed by him.
（その食器は彼によって洗われます。）

2 過去分詞とは

動詞が変化した形の１つ

> **基本例文**

♪04

Computers are **used** all over the world.

（コンピューターは世界中で使われます。）

> ここで
> **学 習**
> すること

「**過去分詞**」とは動詞が変化した形の１つです。**規則動詞**か**不規則動詞**かによって，つくり方が異なります。

1 過去分詞とは

「過去分詞」は，「過去形」や「ing形」などと同じように動詞が変化した形の１つです。

過去分詞の大部分は，過去形と同じ形をしています。

2 規則動詞の過去分詞

規則動詞の過去分詞は，過去形とまったく同じ形です。動詞の原形（もとの形）の語尾に**ed**または**d**をつけてつくります。

原形	過去形	過去分詞
play（～をする）	played	played
visit（～を訪問する）	visited	visited
use（～を使う）	used	used
love（～を愛する）	loved	loved
carry（～を運ぶ）	carried	carried
plan（～を計画する）	planned	planned

> **発展** 過去分詞を使う文
>
> 「過去分詞」は，「過去」ということばがついていますが，それ自体が過去を表すわけではありません。
>
> 過去分詞は，次の３つの用法で使われます。
> ① 受け身
> ② 現在完了形（→p.70）
> ③ 名詞を修飾（→p.149）

3　不規則動詞の過去分詞

過去形をつくるときに不規則に変化する不規則動詞の過去分詞の中には，過去形と同じ形のものがいくつかあります。

原形	過去形	過去分詞 ♪05
build（〜を建てる）	built	built
find（〜を見つける）	found	found
hear（〜が聞こえる）	heard	heard
hold（〜を開く）	held	held
make（〜を作る）	made	made
read（〜を読む）	read	read
sell（〜を売る）	sold	sold
send（〜を送る）	sent	sent
teach（〜を教える）	taught	taught

不規則に変化する不規則動詞の中には，過去分詞の形が過去形と異なるものがいくつかあります。

		♪06
break（〜をこわす）	broke	broken
choose（〜を選ぶ）	chose	chosen
give（〜を与える）	gave	given
know（〜を知っている）	knew	known
see（〜を見る）	saw	seen
sing（〈歌を〉歌う）	sang	sung
speak（〈〜を〉話す）	spoke	spoken
take（〜を取る）	took	taken
write（〜を書く）	wrote	written

くわしく　過去形との見分け方

過去形と過去分詞が同じ形の場合は，前にbe動詞かhave・hasがあるかないかで過去形か過去分詞かを見分けます。

be動詞があれば受け身で，have・hasがあれば現在完了形（→p.70）なので，過去分詞だと判断します。

R📖　readの発音に注意!
リーディング

read（〜を読む）は，原形と過去形・過去分詞は同じつづりですが，発音が異なります。原形は [riːd リード] と発音しますが，過去形・過去分詞は [red レッド] と発音します。

発展　熟語を使った受け身の文

take care of 〜（〜の世話をする）のような熟語は，受け身の文でも1語として扱われます。

・My mother took care of the baby.
（私の母はその赤ちゃんの世話をしました。）

→The baby was taken care of by my mother.
（その赤ちゃんは私の母によって世話をされました。）

1章／受け身

不規則動詞の中には，原形と過去分詞の形が同じものもあります。

原形	過去形	過去分詞 ♪07
become (〜になる)	became	become
come (来る)	came	come
run (走る)	ran	run

原形・過去形・過去分詞の形がすべて同じものもあります。

		♪08
cut (〜を切る)	cut	cut
put (〜を置く)	put	put

不規則動詞の過去分詞はひとつひとつ覚えよう。

✓チェック問題

次の＿＿に適する語を入れましょう。

(1) 京都は多くの人によって訪問されています。

Kyoto is ＿＿＿＿＿＿ by a lot of people.

(2) これらの本は世界中で読まれています。

These books are ＿＿＿＿＿＿ all over the world.

(3) 英語は多くの国で話されています。

English is ＿＿＿＿＿＿ in many countries.

(4) 彼は偉大な科学者として知られています。

He is ＿＿＿＿＿＿ as a great scientist.

解答

(1) visited

(2) read

(3) spoken

(4) known
　▶be known as 〜で
　「〜として知られている」
　という意味になる。

3 過去・未来の受け身の文

過去や未来のことを表す受け身の文

基本例文

This house **was built** last month.

（この家は先月建てられました。）

♪09

ここで
学 習
すること

「〜された」という「受け身」の文は，**was, were**のあとに過去分詞を続けます。

【日本語】 この家は先月，建てられました。

【英 語】 **This house was built last month.**

↑ 過去の内容なら was, were を使う

---

1 「〜された」の文

「〜された」という意味の過去の受け身の文は，be動詞の過去形
was, were のあとに**過去分詞**を続けて表します。

主語	過去形	過去分詞
I	was	～ed
He / She / It など3人称単数	was	など
You	were	
We / They など複数	were	

現在か過去かは
be動詞を使い分
けるよ。

♪ 10

His room is cleaned every day. （彼の部屋は毎日そうじされます。）

His room was cleaned yesterday. （彼の部屋は昨日そうじされました。）

The mountains are covered with snow.
（その山々は雪でおおわれています。）

The mountains were covered with snow.
（その山々は雪でおおわれていました。）

2 「〜されるだろう」の文

「〜されるだろう」という未来の受け身の文は，be動詞の前にwillをおいて，will beに過去分詞を続けて表します。willのあとのbe動詞がもとの形（原形）のbeになることに注意しましょう。

Her new book is sold at that store. ♪ 11
（彼女の新しい本はあの店で売られています。）

Her new book will be sold next month.
（彼女の新しい本は来月売られるでしょう。）

His house was built last year. （彼の家は去年建てられました。）

His house will be built next year.
（彼の家は来年建てられるでしょう。）

🖋くわしく ▶ 〈助動詞＋受け身〉の文

willのほかにcanなどの助動詞が受け身の文につくときも，助動詞のあとに〈be＋過去分詞〉をおいて表します。

・A lot of stars can be seen here.
（ここではたくさんの星が見えます。）

✅チェック問題

次の＿＿に適する語を入れましょう。

(1) 私はパーティーに招待されました。

I ＿＿＿＿＿＿ invited to the party.

(2) これらの車は去年，中国で作られました。

These cars ＿＿＿＿＿ made in China last year.

(3) この本は多くの人に読まれるでしょう。

This book ＿＿＿＿＿ ＿＿＿＿＿ read by a lot of people.

解 答

(1) was

(2) were

(3) will be
▶未来の受け身の文は〈will be＋過去分詞〉の形。

4 受け身の否定文

現在と過去の受け身の否定文

> **基本例文** ♪12

This sign **is not seen** in my country.

（私の国ではこの標識は見られません。）

「受け身」の否定文は be 動詞のあとに not を入れます。

This sign is 　　　 seen in my country.

↓ be動詞のあとに not 　　　（私の国ではこの標識は見られます。）

This sign is not seen in my country.

（私の国ではこの標識は見られません。）

「〜されません」という現在の文なら am，are，is のあとに not を，「〜されませんでした」という過去の文なら，was，were のあとに not を入れます。

> These pictures were taken by my uncle. ♪13
> （これらの写真は私のおじによって撮られました。）
>
> These pictures were not taken by my uncle.
> （これらの写真は私のおじによって撮られませんでした。）

✓ チェック問題

次の文を否定文にしましょう。

(1) That room is used now. （あの部屋は今使われています。）

　　That room is ＿＿＿＿＿＿ used now.

(2) The cake was made yesterday. （そのケーキは昨日作られました。）

　　The cake ＿＿＿＿＿ ＿＿＿＿＿ yesterday.

> **解 答**
>
> (1) not
> ▶ is のあとに not を入れる。
>
> (2) wasn't made
> ▶ 空所の数から was not の短縮形の wasn't を使う。

5　受け身の疑問文

現在と過去の受け身の疑問文と答え方

> ### 基本例文

♪ 14

Is this song **sung** in your country?

（あなたの国ではこの歌が歌われていますか。）

「～されますか」という「受け身」の疑問文は**be**動詞で文をはじめます。

This song is sung in your country.

↓ be動詞で文をはじめる

Is this song　sung in your country?

（あなたの国ではこの歌が歌われています。）

（あなたの国ではこの歌が歌われていますか。）

1　受け身の疑問文

「受け身」の疑問文は**be**動詞で文をはじめます。「～されますか」という現在の文なら**am, is, are**を、「～されましたか」という過去の文なら，**was, were**を主語の前におきます。

This letter was written by Dazai Osamu.　♪ 15
（この手紙は太宰治によって書かれました。）

Was this letter written by Dazai Osamu?
（この手紙は太宰治によって書かれましたか。）

2　答え方

答え方はふつうのbe動詞の文と同じで，be動詞を使って答えます。

Is sushi eaten in your country?　♪ 16
（あなたの国ですしは食べられていますか。）

— Yes, it is. / No, it isn't.　（はい。／いいえ。）

テストで注意 **Do, Does, Didは使わない!**

疑問文でDo, DoesやDidを使うまちがいが多いので注意しましょう。

× *Does* this room cleaned every day?

✔**確認** **be動詞を使う疑問文**

・Is he Tim?
（彼はティムですか。）

・Is she studying?
（彼女は勉強しているのですか。）

・Are you going to watch TV?
（あなたはテレビを見るつもりですか。）

・Is there a book on the desk?
（机の上に本はありますか。）

3 疑問詞があるとき

When（いつ）や Where（どこで）などの疑問詞がつくときは，疑問詞で文をはじめて，あとに受け身の疑問文を続けます。

♪ 17

Was this house built last year?（この家は去年建てられましたか。）
When was this house built?（この家はいつ建てられましたか。）
— It was built last year.（去年建てられました。）

Are these stones found on the beach?
（これらの石は浜辺で見つけられますか。）

Where are these stones found?
（これらの石はどこで見つけられますか。）

— They are found on the beach.（浜辺で見つけられます。）

発展 疑問詞が主語のときの語順

疑問詞が主語になるときは〈疑問詞＋be動詞＋過去分詞…？〉の形になります。

・What language is spoken in Australia?
（オーストラリアでは何語が話されていますか。）

1章／受け身

✓チェック問題

次の＿＿に適する語を入れましょう。

(1) 会議は毎週水曜日に開かれますか。
＿＿＿＿＿＿＿ the meeting held every Wednesday?

(2) この絵は100年前にかかれましたか。
＿＿＿＿＿＿＿ this picture painted 100 years ago?

(3) この絵はいつかかれましたか。
＿＿＿＿＿＿＿ ＿＿＿＿＿＿＿ this picture painted?

(4) 昨日ここで何が見つけられましたか。
＿＿＿＿＿＿＿ ＿＿＿＿＿＿＿ found here yesterday?

解答

(1) Is

(2) Was

(3) When was
▶疑問詞のあとは疑問文の語順。

(4) What was
▶疑問詞Whatが主語の文。あとに〈be動詞＋過去分詞…〉を続ける。

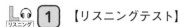

定期テスト予想問題 ①

時間 ▶ 40分
解答 ▶ p.248

得点　　／100

1 【リスニングテスト】　♪ 18

英文や対話文を聞き，最後の質問の答えとして適するものを選び，記号を○で囲みなさい。【6点】

(1)　A　　　　　　　B　　　　　　　C　　　　　　　D　　　［6点×2］

(2)　A　Only English.　　　　　　　B　Spanish and English.

　　　C　English and French.　　　　D　Spanish and French.

2 次の文の（　）に適するものを下から選び，その記号を○で囲みなさい。　【4点×4】

(1)　This room （　） every day.

　　　ア　is cleaning　イ　were cleaned　ウ　is cleaned　エ　was cleaning

(2)　We （　） to the party last Saturday.

　　　ア　are inviting　イ　were inviting　ウ　are invited　エ　were invited

(3)　（　） Japanese studied at your school in Australia?

　　　ア　Is　　　　　イ　Will　　　　ウ　Does　　　　エ　Did

(4)　Where （　） this key found?

　　　ア　are　　　　イ　was　　　　ウ　did　　　　エ　has

3 次の _____ に（　）内の語を適する形にかえて入れなさい。　【4点×4】

(1)　Basketball is _____ by two teams of five players.　（play）

(2)　This song was _____ by Bob's sister.　（sing）

(3)　Is this car _____ in Japan?　（make）

(4)　Where will the next Olympic Games be _____?　（hold）

4 次の日本文に合うように，_____に適する語を入れなさい。 　　　　【4点×4】

(1) 彼女は友達にマッキーと呼ばれています。

She _____ _____ Mackie by her friends.

(2) これらの本はやさしい英語で書かれています。

These books _____ _____ in easy English.

(3) この写真は先月，沖縄で撮られました。

This picture _____ _____ in Okinawa last month.

(4) 彼の新しい本は多くの若者に読まれるでしょう。

His new book will _____ _____ by a lot of young people.

5 次の日本文の意味を表す英文になるように，（　　）内の語句を並べかえなさい。 　　　　【6点×4】

(1) その男の子は病院に運ばれました。

(a hospital / was / to / the boy / taken)

_____

(2) このコンピューターは日本製ではありません。

(Japan / this computer / in / is / made / not)

_____

(3) この手紙はいつ彼のところに送られてきたのですか。

(this letter / him / sent / was / to / when)

_____

(4) インドではいくつの言語が話されていますか。

(languages / spoken / in / many / are / how) India?

_____ India?

6 次の日本文を英語になおしなさい。 　　　　【8点×2】

(1) 京都は毎年，たくさんの外国人に訪問されます。

_____

(2) この花は英語で何と呼ばれていますか。

_____

中学生のための
勉強・学校生活アドバイス

目標の高校を決めよう

「秋穂，何見てんの？」

「高校のホームページ。もう中3だし，志望校決めたいなと思って。」

「え？　早すぎない？　まだ中3の春だぜ？」

行きたい高校は早めに決めておくのが大事なんだよ。そうすることで，勉強がもっとがんばれるようになるでしょ。」

「行きたい高校を決めることは，目標を決めることと同じだね。」

「目標かぁ。なんか正直，そこまで意識してないというか…。自分の成績で合格できそうな高校を受験すればいいやって思ってる。」

「目標は英語で何て言うかわかる？　goalだよ。サッカーにgoalがなかったらどうなる？」

「そっか，目標ってゴールのことか！　サッカーにゴールがなかったら，何のためにドリブルしたりパスしたりするのかわからないな。そもそも何のために練習するんだって感じだよな。」

「私，**目標があると楽しい**んだぁ。」

「You're highly motivated with the goal!」

「…モチベー，え？何ですか？」

「目標が理由となって，がんばっていることを後押しするってことだよ。I'm motivated. で，"私はやる気に満ちている（私はやる気を起こさせられている）"ってこと。」

「そう言えば，モチベーションって言葉もよく聞きますね！　"動機"とか"やる気"ってことですよね。」

「じゃあ，どうやって行きたい高校を決めたらいいんだろう？」

いろんな高校のホームページを見比べたり，学校説明会に行ってみたり。いくつか比較するといいんじゃないかなぁ？」

「文化祭に行って実際の生徒のようすを見るとイメージがわくよ。**自分がどんな高校生になりたいか，考えてみる**んだ。」

目標があるからがんばれる。

2章

現在完了形

1 「現在完了形」とは

「（ずっと）〜している」「〜したことがある」などの意味を表す文

基本例文

♪01

I **have been** busy since yesterday.

（私は昨日からずっと忙しい。）

過去からつながっている「今の状態」を1文で表す文を学習します。

I was busy yesterday, and I'm still busy.

↓「今につながる」ことを1文で表すと　　　（私は昨日忙しかった。そしてまだ忙しい。）

I have been busy since yesterday.

〈have＋過去分詞〉→ 現在完了形　　　（私は昨日からずっと忙しい。）

1 「現在完了形」とは

現在完了形の文が表す意味を，過去の文と比べてみましょう。

I was busy yesterday.

I have been busy since yesterday.

今も忙しいかは不明　　今も忙しい

過去形は「昨日忙しかった」のように「過ぎ去ったこと」を表すだけです。

これに対して，現在完了形は「昨日から忙しくて，今もまだ忙しい」と過去からつながっている「今の状態」を表します。

✔確認　**現在形が表すもの**

現在形は「現在の習慣的な動作や状態」を表すときに使います。
・I go to school by bus.
（私はバスで登校します。）〈現在の習慣〉

「過去分詞」については p.58 で確認してね。

2 　現在完了形の形

現在完了形の文は，have been のように**have**に過去分詞を続けて表します。主語が３人称単数のときは**has**を使います。

主語	現在完了形	
I / You / We, They など複数	have	過去分詞
He / She / It など３人称単数	has	

現在完了形のhaveは，「～を持っている」という意味の一般動詞ではなくて，助動詞だよ。

3 　現在完了形の３つの用法

現在完了形の文では，過去のことが「**今の状態**」にどのようにつながっているかを表し，次のような３つの用法で使われます。

まずは，「**ずっと～している**」という**継続**の意味を表す用法です。この意味では，for ～（～の間）やsince ～（～以来）などの語句をよくともないます。

> I have lived in Tokyo for a year. ♪02
> 　　　　　　　　　　　　　　（私は１年間東京に住んでいます。）

次は，「**～したことがある**」という**経験**の意味を表す用法です。この意味では，～ times（～回）やnever（一度も～ない）などの語句をよくともないます。

> I have visited Tokyo many times. ♪03
> 　　　　　　　　　　　　（私は何度も東京を訪れたことがあります。）

最後は，「**～したところだ**」という**完了**の意味を表す用法です。この意味では，just（ちょうど），already（すでに，もう），yet（まだ，もう）などの語句をよくともないます。

> I have just finished my homework. ♪04
> 　　　　　　　　　　　　（私はちょうど宿題を終えたところです。）

テストで注意　過去を表す語句は使わない!

現在完了形は「現在」の文の仲間なので，yesterday（昨日）やlast ～（この前の～）のような過去を表す語句といっしょに使うことはできません。ただし，左ページの基本例文のように〈since ～〉の形であれば使えます。

2 「ずっと〜している」(1)

現在完了形「継続」の文と否定文

♪05

基本例文

I **have lived** in Japan since 2011.

（私は 2011 年から日本に住んでいます。）

ここで
学 習
すること

状態が今も続いていることを表して，「ずっと〜している」と言うときは，〈have
＋過去分詞〉を使います。

I live in Japan. （私は日本に住んでいます。）

↓ 現在完了形に

I have lived in Japan since 2011.

〈have＋過去分詞〉　　　since 〜（〜以来）　（私は 2011 年から日本に住んでいます。）

1 継続を表す現在完了形

「（今まで）ずっと〜している」という意味の「継続」を表す現在完了形の文は，〈have＋過去分詞〉，〈has＋過去分詞〉の形で表します。

この用法の文は，過去にはじまった状態が現在までずっと続いていることを表しています。

2 for（〜の間）とsince（〜以来）

「継続」を表す現在完了形の文では，「どのくらいの間」または「いつから」その状態が続いているかを表すときに，for（〜の間）やsince（〜以来）のような語句がよく使われます。

for 〜 は「〜の間」という意味で，続いている「期間の長さ」を表します。

くわしく ──「継続」で使う動詞

現在完了形の継続の文では，be, know, live などの「状態」を表す動詞がよく使われます。「動作」を表す動詞を使って「ずっと〜しています」と表すときは，ふつう現在完了進行形を使います。（→p.76）

> 現在完了形を使うと，
> 「ずーっと続いてる」
> ってことを表せるよ。

72

He lives in this town.　（彼はこの町に住んでいます。）　♪06
He has lived in this town for two years.
　　　　　　　　　　　　（彼は2年間ずっとこの町に住んでいます。）

since ～は「～以来」という意味で，「はじまった時期」がいつなのかを表します。

She is sick.　　　　　　（彼女は病気です。）　♪07
She has been sick since last week.（彼女は先週からずっと病気です。）

sinceのあとには過去の文がきて，「はじまった時期」を表すこともあります。

I know her.　（私は彼女を知っています。）　♪08
I have known her since she was a child.
　　　　　　　　（私は彼女が子どものころからずっと彼女を知っています。）

> **くわしく　forとsince**
>
> ・for＋期間
>   for two weeks（2週間）
>   for a year　　（1年間）
> ・since＋起点
>   since last week（先週から）
>   since 2020　　（2020年から）

> **参考　短縮形**
>
> have not → haven't
> has not　→ hasn't

③　「継続」の否定文

現在完了形の否定文は，doやdidを使わず，**have**や**has**のあとに**not**を入れてつくります。

He has worked here for two years.　♪09
　　　　　　　　　　（彼は2年間ずっとここで働いています。）
He hasn't worked here for two years.
　　　　　　　　　　（彼は2年間ずっとここで働いていません。）

✓チェック問題

次の＿＿＿に適する語を入れましょう。

(1) 彼は2010年からここに住んでいます。

　　He ＿＿＿＿＿＿＿ lived here ＿＿＿＿＿＿＿ 2010.

(2) 彼女らは5年間ずっと友達です。

　　They have ＿＿＿＿＿ friends ＿＿＿＿＿ five years.

　　　　　　解　答

(1)　has, since

(2)　been, for

3 「継続」の疑問文

現在完了形「継続」の疑問文と答え方

基本例文

♪ 10

Have you been busy for a week?

（あなたは1週間ずっと忙しいのですか。）

ここで
学習
すること

現在完了形の疑問文は **Have** または **Has** で文をはじめます。

You have been busy for a week. （あなたは1週間ずっと忙しい。）

↓ Have を主語の前に

Have you　　been busy for a week?

（あなたは1週間ずっと忙しいのですか。）

1 「継続」の疑問文

現在完了形の疑問文では，do や did は使いません。Have で文を
はじめて，**Have you ～?** などの形にします。

You have lived here for a long time. ♪ 11

（あなたはここに長い間住んでいます。）

Have you lived here for a long time?

（あなたはここに長い間住んでいますか。）

主語が3人称単数であれば，**Has he ～?** などの形にします。

She has known him since last year. ♪ 12

（彼女は去年から彼のことを知っています。）

Has she known him since last year?

（彼女は去年から彼のことを知っていますか。）

テストで **Do, Does, Did は**
注意 **使わない!**

疑問文で Do, Does や Did を
使うまちがいが多いので注意しまし
ょう。

× *Do* you have been busy
for a week?

2 　答え方

答えるときは，**have** や **has** を使って，Yes, ～ have[has]. や No, ～ haven't[hasn't]. で答えます。

> Have you worked here since last year?　♪13
> 　　　　　　　　　（あなたは去年からここで働いていますか。）
> — Yes, I have. / No, I haven't.　（はい。／いいえ。）

3 　「期間」をたずねる文

「どのくらいの間～していますか」と「期間」をたずねるときは，現在完了形の疑問文の前に **How long** をおきます。

> How long have you lived in Tokyo?　♪14
> 　　　　　　　（あなたはどのくらいの間東京に住んでいるのですか。）
> — I have lived here for ten years.（10年間ここに住んでいます。）
> — I have lived here since 2012.
> 　　　　　　　（2012年からここに住んでいます。）

W ライティング　期間をたずねる文

「日本に来てどのくらいになりますか」のような，期間をたずねる英作文がよく出題されます。

くわしく　How long ～? の答え方

答えの文では，for ～ や since ～ を使って，期間を答えます。

☑ チェック問題

次の____に適する語を入れましょう。

(1)　あなたは長い間ここで働いていますか。—はい。

　　_____ you _____ here for a long time?
　　— Yes, I _____.

(2)　彼はどのくらいの間病気ですか。—この前の金曜日からです。

　　_____ _____ has he been sick?
　　— _____ last Friday.

解 答

(1)　Have, worked
　　have

(2)　How long
　　Since

4 「ずっと〜している」(2)

現在完了進行形の文

基本例文

♪15

We **have been studying** English for two hours.

（私たちは2時間英語を勉強しています。）

ここで
学 習
すること

動作が今も進行していることを表して，「ずっと〜している」と言うときは，
〈have been ＋ 〜ing〉 を使います。

    I   study   English.   （私は英語を勉強します。）

現在完了進行形に

I have been studying English for two hours.

（私は2時間英語を勉強しています。）

1 現在完了進行形とは

run, walk, swim, play などの動作を表す動詞を使って，「ずっと
〜している」という意味で，過去に始まった動作が今も進行している
ことを表すときは，**現在完了進行形**を使います。現在完了進行形は
〈have been ＋ 〜ing〉，〈has been ＋ 〜ing〉 の形で表します。have
と has は，現在完了形と同じで主語によって使い分けます。

I have been running for an hour.　　　♪16
（私は1時間ずっと走っています。）

She has been playing tennis since this morning.
（彼女は今朝からずっとテニスをしています。）

> **テストで**
> **注意** 進行形にしない動詞
>
> 　know, like や「持っている」と
> いう意味の have などの進行形にし
> ない動詞は「状態」を表す動詞なの
> で，現在完了進行形の文では使えま
> せん。
> ○I have known her for five
> 　years.
> 　（私は5年前から彼女を知ってい
> 　ます。）
> ×I have *been knowing* her
> 　for five years.

2　現在完了形「継続」と現在完了進行形

　現在完了形の継続の文では，be，know，live などの「状態」を表す動詞が使われますが，現在完了進行形の文では，状態ではなく「動作」を表す動詞が使われます。

> She has been busy since yesterday. ♪17
> 　　　　　　　　　（彼女は昨日からずっと忙しいです。）
> She has been talking on the phone for thirty minutes.
> 　　　　　　　　　（彼女は30分間ずっと電話で話しています。）

3　疑問文

　現在完了進行形の疑問文はHaveで文をはじめて，**Have you been ~ing …?** などの形にします。

> Have you been waiting since one o'clock? ♪18
> 　　　　　　　（あなたは1時からずっと待っているのですか。）

くわしく　現在完了形「継続」の動詞

　「ずっと～している」を表すには，状態を表す動詞では現在完了形「継続」を使い，動作を表す動詞では現在完了進行形を使うのが原則です。しかし，動作を表す動詞の中でも，work，study，learn，sleep，rain，stay などの動詞は，動作が続く状態のような意味合いを持つため，現在完了形を使って継続を表すことができます。そのときは，for ～や since ～のような，継続を表す語句が比較的長い期間を表すことが多いです。

・I have studied English for three years.
　（私は3年間英語を勉強しています。）

✓チェック問題

次の＿＿＿に適する語を入れましょう。

(1) 私は1時間ずっと泳いでいます。

　I have ＿＿＿＿＿＿ ＿＿＿＿＿＿ for an hour.

(2) 彼らは今朝からずっとテレビゲームをしています。

　They ＿＿＿＿＿ ＿＿＿＿＿ ＿＿＿＿＿ video games since this morning.

(3) あなたはずっとこのコンピューターを使っているのですか。

　＿＿＿＿＿＿ you ＿＿＿＿＿＿ ＿＿＿＿＿＿ this computer?

```
　　　　　　　　　　解答
```

(1) been swimming
　▶現在完了進行形は〈have been＋～ing〉。

(2) have been playing

(3) Have, been using
　▶疑問文はHaveで文をはじめる。

5 「〜したことがある」

現在完了形「経験」の文

> ### 基本例文
>
> ## I **have visited** Kyoto three times.
>
> （私は京都を3回訪れたことがあります。）

ここで 学 習 すること

「（今までに）〜したことがある」という文は，〈have＋過去分詞〉で表します。

I　　　visited Kyoto last year.　　（私は去年京都を訪れました。）

↓ 現在完了形に

I have visited Kyoto three times.

〈have＋過去分詞〉　　　（私は京都を3回訪れたことがあります。）

1 「経験」を表す現在完了形

「（今までに）〜したことがある」という意味で，現在までの「経験」を表す現在完了形の文も，〈have＋過去分詞〉の形で表します。

I visited Kyoto last year.

〈過去形〉

I have visited Kyoto three times.

〈現在完了形〉

去年　現在

現在

「経験」を表す現在完了形の文では，1回，2回などの経験した回数や「ときどき」や「しばしば」などという語句がよく使われます。

くわしく 語句の位置

　回数を表す語句はふつう文の終わりにおきます。また，sometimes（ときどき）やoften（しばしば）などの頻度を表す語はふつうhaveと過去分詞の間におきます。

「回数」を表す語句		経験で使われる語句	
once	（1回）	before	（以前）
twice	（2回）	sometimes	（ときどき）
~ times	（~回）	often	（しばしば，よく）
many times	（何度も）		

♪20

I saw the movie yesterday.　　　　（私は昨日その映画を見ました。）
I have seen the movie twice.
　　　　　　　　　（私はその映画を2回見たことがあります。）

- -

She read the book last week.　（彼女は先週その本を読みました。）
She has read the book many times.
　　　　　　　（彼女は何度もその本を読んだことがあります。）

2　have been to

「~へ行ったことがある」と言うときは，**have[has] been to ~** をよく使います。toのあとには場所を表す語句が入ります。

♪21

I have been to Tokyo once.
　　　　　　　　（私は一度東京へ行ったことがあります。）
He has been to the zoo many times.
　　　　　　　（彼は何度もその動物園へ行ったことがあります。）

S スピーキング 「行ったことがある」

アメリカ英語では，「~へ行ったことがある」と言うとき，goの過去分詞 gone を使って，have gone to ~で表すことがあります。
・I have gone to China once.
（私は一度中国へ行ったことがあります。）

✓ チェック問題

次の___に適する語を入れましょう。

(1) 私は一度その絵を見たことがあります。
　　 I have _____ the picture _____.

(2) 母は何度もフランスへ行ったことがあります。
　　 My mother has _____ to France many _____.

(3) 彼らは以前サッカーをしたことがあります。
　　 They have _____ soccer _____.

解答

(1)　seen, once

(2)　been[gone], times
　　 ▶「何度も」は many times。

(3)　played, before

79

6 「経験」の否定文

現在完了形「経験」の否定文

基本例文 ♪22

I have never visited Kyoto.

（私は一度も京都を訪れたことがありません。）

ここで
学習
すること

「経験」の否定文は have または has のあとに never を入れます。

I have   visited Kyoto.　　　（私は京都を訪れたことがあります。）
↓ have のあとに never
I have never visited Kyoto.　　（私は一度も京都を訪れたことがありません。）

現在完了形の否定文は，have, has のあとに not を入れてつくりますが，「一度も～したことがない」と言うときは，not のかわりに **never** を使うこともできます。

♪23

I have met her before.　　（私は以前彼女に会ったことがあります。）
I have never met her.　（私は一度も彼女に会ったことがありません。）

He has been to the museum.
　　　　　　　　（彼はその博物館へ行ったことがあります。）
He has never been to the museum.
　　　　　　　　（彼は一度もその博物館へ行ったことがありません。）

くわしく 「経験」の否定文

have not や has not を使うこともできます。
・I have not visited Kyoto before.
（私は今までに京都を訪れたことがありません。）

7 「経験」の疑問文

現在完了形「経験」の疑問文と答え方

基本例文

Have you ever visited Kyoto?

（あなたは今までに京都を訪れたことがありますか。）

「経験」の疑問文は **Have** または **Has** で文をはじめます。

You have visited Kyoto.　　　（あなたは京都を訪れたことがあります。）

↓ Have を主語の前に

Have you ever visited Kyoto?　　　（あなたは今までに京都を訪れたことがありますか。）

ever を入れることも多い

1 「経験」の疑問文

　現在完了形の「経験」の疑問文も，Haveで文をはじめて，Have you 〜？などの形にします。Have youのあとに「今までに」という意味の **ever** を入れることがよくあります。

> You have met Ms. Brown before.　♪25
> 　　　（あなたは以前ブラウンさんに会ったことがあります。）
> Have you ever met Ms. Brown?
> 　　　（あなたは今までにブラウンさんに会ったことがありますか。）

主語が3人称単数であれば，Has he 〜？などの形にします。

> He has seen a panda many times.　♪26
> 　　　（彼は何度もパンダを見たことがあります。）
> Has he ever seen a panda?
> 　　　（彼は今までにパンダを見たことがありますか。）

参考 ever

　ever はふつう疑問文で使われます。ever が肯定文で使われるのは，次のような比較の文の中です。

・This is the biggest dog I've ever seen.
　（これは私が今までに見た中でいちばん大きな犬です。）

81

2 答え方

答えるときは，haveを使って，Yes, ~ have. や No, ~ haven't. で答えます。

Have you ever read this book? ♪27
(あなたは今までにこの本を読んだことがありますか。)
— Yes, I have. / No, I haven't. (はい。／いいえ。)

主語が3人称単数のときは，hasを使って答えます。

Has she ever been to a foreign country? ♪28
(彼女は今までに外国に行ったことがありますか。)
— Yes, she has. / No, she hasn't. (はい。／いいえ。)

3 「回数」をたずねる文

「何回~したことがありますか」と「回数」をたずねるときは，現在完了形の疑問文の前に，**How many times**をおきます。

Have you visited Tokyo before? ♪29
(あなたは以前東京を訪れたことがありますか。)
How many times have you visited Tokyo?
(あなたは何回東京を訪れたことがありますか。)

Has she played soccer before?
(彼女は以前サッカーをしたことがありますか。)
How many times has she played soccer?
(彼女は何回サッカーをしたことがありますか。)

4 「回数」をたずねる文の答え方

「回数」をたずねる文に答える文では，具体的に回数や頻度を答えます。3回以上の回数を言うときには，～ **times**（～回）を使います。

How many times have you been to Osaka?　♪30
（あなたは何回大阪へ行ったことがありますか。）
— I have been there twice.　（2回行ったことがあります。）

How many times has she played the flute?
（彼女は何回フルートを演奏したことがありますか。）
— She has never played it.　（一度もありません。）

■くわしく── 回数の答え方

答えの文では，主語，動詞を省略して，回数だけを答えることもあります。
・How many times have you seen this movie?
（この映画を何回見たことがありますか。）
— Three times.
（3回です。）
— Never.
（一度もありません。）

✔チェック問題

次の___に適する語を入れましょう。

(1) あなたは今までにその映画を見たことがありますか。—はい，あります。
_____ you _____ _____ the movie? — Yes, I _____.

(2) あなたは何回富士山に登ったことがありますか。—1回です。
_____ _____ times have you climbed Mt. Fuji? — I've climbed it _____.

(3) 彼は何回テニスをしたことがありますか。— 一度もありません。
_____ _____ _____ has he played tennis?
— He has _____ played it.

(4) 私は奈良に一度も行ったことがありません。
I _____ _____ _____ to Nara.

解答
(1) Have, ever seen ／ have
▶「今までに」はever。
(2) How many ／ once
▶「何回」はHow many times でたずねる。
(3) How many times ／ never
▶「一度もない」はnever。
(4) have never been［gone］

83

8 「～したところだ」

現在完了形「完了」の文

基本例文

♪ 31

I **have just finished** lunch.

（私はちょうど昼食を終えたところです。）

> **ここで**
> **学 習**
> **すること**
>
> 「～したところだ」という文は，〈**have＋過去分詞**〉で表します。
>
> **I have just finished lunch.** （私はちょうど昼食を終えたところです。）
>
> 〈have＋過去分詞〉 just は「ちょうど」の意味

1 「完了」の文

　現在完了形は「～したところだ」「～してしまった」という**「完了」**の意味も表します。この用法の文は，過去にはじまった動作や状態が完了していることを表しています。

　「完了」の文では，**already**（すでに，もう）がよく使われます。

I finished my homework an hour ago. ♪ 32
（私は1時間前に宿題を終えました。）

I have already finished my homework.
（私はすでに宿題を終えてしまいました。）

　また，完了の文では **just**（ちょうど，まさに）もよく使われます。

He cleaned his room this morning. ♪ 33
（彼は今朝部屋をそうじしました。）

He has just cleaned his room.
（彼はちょうど部屋をそうじしたところです。）

くわしく just と already

　just を使うと「たった今，完了したところだ」ということを表します。already を使うと「すでに完了した状態にある」ということを表します。

84

2 「結果」の文

現在完了形の「完了」の中には「〜してしまった。その結果，今…だ」という意味で，完了した動作の結果に重点をおいて表す**「結果」**の用法があります。

> I lost the book yesterday.　　　　　　　　　　♪34
> （私は昨日，その本をなくしました。）
>
> I have lost the book.
> （私はその本をなくしてしまいました。）
> →その結果，今その本を持っていません。

「完了」「結果」の意味では，finish，clean，loseのほかに，次の動詞がよく使われます。

leave （去る）	She **has** already **left** home. （彼女はすでに家を出ました。）
arrive （着く）	He **has** just **arrived** at the station. （彼はちょうど駅に着いたところです。）
do （する）	I**'ve done** the work. （私はその仕事をしました。）

発展 **have[has] gone**

have[has] gone は「〜へ行ってしまった（その結果，今はいない）」という意味を表します。

・He has gone to France.
（彼はフランスに行ってしまいました。）

アメリカ英語では，「〜へ行ったことがある」という「経験」の意味を表すこともあります。

✔確認 **過去を表す語句といっしょには使わない**

現在完了形の文は，あくまで現在の状態を表しているので，過去のある時点を示すときには現在完了形は使えません。

×I have eaten lunch an hour ago.

○I ate lunch an hour ago.
（私は1時間前に昼食を食べました。）

9 「完了」の否定文

現在完了形「完了」の否定文

基本例文

♪ 35

I **have not finished** lunch yet.

（私はまだ昼食を終えていません。）

ここで
学 習
すること

「完了」の否定文は**have**または**has**のあとに**not**を入れます。

I have finished lunch. （私は昼食を終えたところです。）

↓ haveのあとにnot

I have not finished lunch yet. （私はまだ昼食を終えていません。）

yetは「まだ」の意味

　現在完了形の否定文は，haveのあとにnotを入れてつくります。「完了」の文ではいっしょに「まだ（〜ない）」という意味の**yet**をよく使います。

I have already read this book. ♪ 36

（私はすでにこの本を読みました。）

I have not read this book yet.

（私はまだこの本を読んでいません。）

主語が3人称単数のときは，hasのあとにnotを入れます。

♪ 37

He has already left home. （彼はすでに家を出ました。）
He has not left home yet. （彼はまだ家を出ていません。）

> yetは文の最後におくよ。

10 「完了」の疑問文

現在完了形「完了」の疑問文と答え方

♪38

基本例文

Have you finished lunch yet?

（あなたはもう昼食を終えてしまいましたか。）

ここで **学習** すること

「完了」の疑問文は **Have** または **Has** で文をはじめます。

You have finished lunch.　　　　（あなたは昼食を終えました。）

↓ Have を主語の前に

Have you finished lunch <u>yet</u>?

yet は「もう」の意味（あなたはもう昼食を終えましたか。）

1 「完了」の疑問文

　現在完了形の「完了」の疑問文も，Haveで文をはじめて，Have you ～?などの形にします。文の最後に「もう」という意味の**yet**を入れることがよくあります。

I have already cleaned my room.　　♪39
　　　　　（私はもう自分の部屋をそうじしてしまいました。）
Have you cleaned your room yet?
　　　　　（あなたはもう自分の部屋をそうじしましたか。）

主語が3人称単数のときは，Hasで文をはじめます。

He has already finished his job.　　♪40
　　　　　（彼はすでに自分の仕事を終えました。）
Has he finished his job?　　（彼は自分の仕事を終えていますか。）

R リーディング 📖 **yetの意味をまちがえるな!**

　yet は疑問文でも否定文でも使われます。疑問文のyetは「もう」，否定文のyetは「まだ」の意味になるので，まちがえないように気をつけましょう。

テストで **注意** **疑問詞whenは使わない!**

　疑問詞when（いつ）は特定の時をたずねるので，現在完了形の疑問文では使えません。
×*When* have you finished lunch?
〇When did you finish lunch?

2 答え方

答えるときは，haveやhasを使って，Yes, 〜 have[has]. や
No, 〜 haven't[hasn't]. で答えます。

「いいえ，まだです」と答えるときは，**No, not yet.** と言います。

Have you done your homework?　　　♪41
　　　　　　　（あなたは宿題をしてしまいましたか。）

— **Yes, I have. / No, I haven't.**　（はい。／いいえ。）

Has the game started?　　　（試合ははじまっていますか。）
— **No, not yet.**　　　（いいえ，まだです。）

No, not yet. の
yetは「まだ」と
いう意味だよ。

✔ チェック問題

次の＿＿に適する語を入れましょう。

(1)　私はちょうどここに着いたところです。

I ＿＿＿＿＿＿ ＿＿＿＿＿＿ arrived here.

(2)　彼女はちょうどその本を読んだところです。

She ＿＿＿＿＿ just ＿＿＿＿＿ the book.

(3)　私はまだ昼食を食べていません。

I have ＿＿＿＿＿ eaten lunch ＿＿＿＿＿.

(4)　ケンはもう皿を洗ってしまいましたか。―いいえ，まだです。

＿＿＿＿＿ Ken ＿＿＿＿＿ the dishes
＿＿＿＿＿? — No, ＿＿＿＿＿ ＿＿＿＿＿.

＿＿＿＿＿解　答＿＿＿＿＿

(1)　have just
　　▶justはhaveと過去分詞
　　の間に入れる。

(2)　has, read

(3)　not, yet

(4)　Has, washed[done],
　　yet / not yet[he hasn't]

88

定期テスト予想問題 ②

時間 ▶ 40分
解答 ▶ p.249

得点 　　／100

 1 【リスニングテスト】

♪ 42

対話文を聞き，最後の質問の答えとして適するものを選び，記号を○で囲みなさい。　　【6点×2】

(1) A　　　　　　　B　　　　　　　C　　　　　　　D

(2) **A** Once.　　　**B** Twice.　　　**C** Three times.　　　**D** Four times.

2 次の文の（　　）に適するものを下から選び，その記号を○で囲みなさい。　　【4点×4】

(1) My sister （　　） her room.
　　ア is cleaned　　イ was cleaned　　ウ has cleaning　　エ has cleaned

(2) We （　　） to Nara last week.
　　ア go　　　　　イ went　　　　　ウ are going　　　エ have gone

(3) When （　　） you visit Hokkaido?
　　ア are　　　　　イ have　　　　　ウ did　　　　　　エ were

(4) I've wanted this bag （　　） a long time.
　　ア for　　　　　イ from　　　　　ウ since　　　　　エ when

3 次の _____ に（　　）内の語を適する形にかえて書きなさい。　　【4点×4】

(1) My brother has _____ this desk for ten years.　　(use)

(2) I've just _____ my homework.　　(do)

(3) I've _____ her since she was a child.　　(know)

(4) Tom has _____ *takoyaki* before.　　(eat)

4 次の日本文に合うように，_____ に適する語を入れなさい。　　　【4点×4】

(1) あなたは今までにテニスをしたことがありますか。

_____ you ever _____ tennis?

(2) 健はすでに寝てしまいました。

Ken _____ already _____ to bed.

(3) 私は3時間ずっとこの本を読んでいます。

I've _____ _____ this book for three hours.

(4) 私は彼に数回会ったことがあります。

I have _____ him a few _____.

5 次の日本文の意味を表す英文になるように，（　　）内の語句を並べかえなさい。　　　【6点×4】

(1) スティーブ(Steve)はまだそのカメラを買っていません。

(not / Steve / bought / the camera / yet / has)

_____

(2) 私はそれ以来日本文化に興味を持っています。

(I've / culture / in / been / since / Japanese / interested) then.

_____ then.

(3) あなたは何回英語で手紙を書いたことがありますか。

(a letter / you / in / times / have / English / how / written / many)

_____

(4) 電車はすでに駅を出発したと思います。

(has / I / think / the train / already / left) the station.

_____ the station.

6 次の日本文を英語になおしなさい。　　　【8点×2】

(1) 日本に来てどのくらいになりますか。

_____

(2) 私はこの映画を一度見たことがあります。

_____

現在完了形を使って聞いてみよう！

使う
Column

現在完了形の文では，「今までに〜をしたことはありますか」「どのくらい〜していますか」など，これまでに経験したことなどについてたずねるのに便利です。

1 ALTにインタビュー ♪43

how long や where などの疑問詞を使うと，いろいろなことをたずねることができます。

① How long have you been in Japan?

I've been here for three months.

② Have you ever been to Kyoto?

No, I've never been there.
But I've wanted to visit Kyoto and Nara for a long time.

③ Where have you been in Tokyo?

I've been to Asakusa and Akihabara.

①どのくらい日本にいるんですか？―３か月よ。②京都には行ったことがありますか？―いいえ，行ったことないの。でも京都と奈良にはずっと行ってみたいと思っているよ。③東京ではどこに行ったことがありますか？―浅草と秋葉原に行ったことがあるよ。

② 宿題終わった？ ♪44

「もう〜した？」とたずねたり，「したよ」という文にはyetやalreadyなどをよく使います。

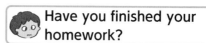
Have you finished your homework?

Yes, I have.

I've just finished mine, too. How about you?

I haven't started yet.

もう宿題終わった？
うん，終わったよ。
ぼくも今ちょうど終わったとこ。君は？
ぼくはまだ始めてないよ。

③ こんなときにも使う！ ♪45

毎日の生活の中でも，現在完了形を使った表現はよく登場します。

Would you like some more?

Thank you, but I've had enough.

もう少しいかがですか。
ありがとうございます。でも，もう十分いただきました。

It's been a long time.

ひさしぶり。

3章

助動詞

1　can

「可能」を表す助動詞

基本例文

Beth **can** speak Japanese.

（ベスは日本語を話すことができます。）

♪ 01

ここで **学習** すること > 「〜できる」と言うときは，**can** を動詞の前に入れます。

　　Beth　　　speaks Japanese.　　　（ベスは日本語を話します。）

　　↓ 動詞の前にcan。あとの動詞は原形

　　Beth **can** speak　Japanese.　　（ベスは日本語を話すことができます。）

1　「助動詞」とは

　助動詞は文字通り，動詞を助ける語です。動詞といっしょに使って，話し手のいろいろな判断を動詞の意味につけ加える働きをします。

2　「助動詞」の文の形

　助動詞は動詞の前において，あとの動詞は**原形**にします。主語が3人称単数のときでも助動詞の形はかわりません。

3　can の意味

　can は動詞の前において，「〜できる」という「可能」の意味をつけ加える助動詞です。

I ride a bike.　　　（私は自転車に乗ります。）　　♪ 02
I can ride a bike.　（私は自転車に乗ることができます。）

✔ 確認 will

　「未来」のことを言うときに使ったwillも助動詞の仲間です。
（→p.46）

W ✏ ライティング　3人称単数の主語に要注意!

　主語が3人称単数のとき，助動詞にsをつけたり，動詞を3単現の形にしたりするミスが多いので注意しましょう。
× He *cans* swim well.
× He can *swims* well.
○ He can swim well.

＼発展　can の過去形

　can の過去形はcould（〜できた）です。

94

4　can の否定文と疑問文

「〜できない」と否定するときは，can のあとに not を入れます。否定を表す can not は，ふつう **cannot** と 1 語で表すか，短縮形の **can't** を使います。

> You can play the piano.　（あなたはピアノが弾けます。）　♪03
> You cannot play the piano.　（あなたはピアノが弾けません。）

「〜できますか」とたずねるときは，Can で文をはじめます。can の疑問文には，ふつう can を使って答えます。

> Can he speak English?　　　　（彼は英語が話せますか。）　♪04
> — Yes, he can. / No, he can't.　（はい。／いいえ。）

5　「〜してくれますか」の Can you 〜?

Can you 〜? は，「あなたは〜できますか」とたずねる文ですが，「〜してくれますか」と何かを頼む意味でも使われます。

　この「依頼」の文には，Sure.／All right.／OK.　（いいですよ。）などの表現を使って答えます。ふつう，Yes, I can. などでは答えません。

> Can you help me?　　　（手伝ってくれますか。）　♪05
> — Sure.　　　　　　　（いいですよ。）
>
> Can you open the door?　（ドアを開けてくれますか。）
> — All right.　　　　　　（いいですよ。）

> **発展　禁止を表す can't**
>
> can't や cannot は「禁止」を表すことがあります。
>
> ・You can't take pictures here.
> 　（ここでは写真を撮ることはできません。）

助動詞の疑問文に答えるときは，同じ助動詞を使うのが基本だよ。

Can you ～?よりもていねいに頼むときには，canの過去形の couldを使って，**Could you ～?**と言います。

Could you help me?　　　（手伝っていただけますか。）　♪06
— Sure.　　　　　　　　（いいですよ。）

6 「～してもよいですか」のCan I ～?

Can I ～?は，「私は～できますか」とたずねる文ですが，「～してもよいですか」と許可を求めるときにも使われます。

この文には，Sure.／All right.／OK.（いいですよ。）などの表現を使って答えます。

♪07

Can I use your dictionary?　　（あなたの辞書を使ってもいい？）
—Sure.　　　　　　　　　　　（いいですとも。）

Can I close the window?　　　（窓を閉めてもいい？）
—OK.　　　　　　　　　　　　（いいよ。）

Ⓢ🎤 スピーキング 依頼を断るとき

Can you ～?やCan I ～?に対して，断るときは，I'm sorry, のあとに理由を続けます。

・I'm sorry, but I'm busy now.
　（すみませんが，今忙しいです。）

📖くわしく ていねいな May I ～?

Can I ～?はくだけた言い方なので，目上の人にはよりていねいな表現のMay I ～?を使います。

・May I come in?
　（入ってもよろしいですか。）

✅チェック問題

次の____に適する語を入れましょう。

(1) 彼はピアノが弾けますか。―いいえ，弾けません。

　_____ he _____ the piano?

　— No, he _____.

(2) 明日，電話してくれる？

　_____ _____ call me tomorrow?

(3) あなたの本を借りてもいい？

　_____ _____ borrow your book?

解答

(1) Can, play ／
　can't[cannot]

(2) Can[Could] you
　▶Could you ～?はていねいに頼む表現。

(3) Can[May] I
　▶May I ～?はていねいに許可を求める表現。

2 be able to

「能力」を表す熟語

基本例文 ♪08

I was able to pass the test.

（私は試験に合格することができました。）

ここで学習すること

「〜できる」は，**be able to** を使って表すこともできます。

I   **passed the test.** （私は試験に合格しました。）

↓ be動詞は主語や現在・過去・未来によって使い分ける

I was able to pass the test. （私は試験に合格することができました。）

---

1 be able to の文

be able toは，「〜することができる」という意味を表します。beは主語によって，現在ならam，are，isを，過去ならwas，wereを使い分けます。toのあとの動詞は原形です。

> I was able to catch the train. ♪09
> （私はその電車に乗ることができました。）
> They were able to win the match.
> （彼らはその試合に勝つことができました。）

未来のことを表すときは，**will be able to**の形で，「〜できる（ようになる）でしょう」という意味になります。

> You will be able to speak English better. ♪10
> （あなたはもっと上手に英語を話せるようになるでしょう。）

くわしく 助動詞の使い方

canは助動詞なので，willやmayなど，ほかの助動詞といっしょに使うことができません。「〜できるかもしれない」という文をつくるときは，canをbe able toにかえます。

・You may be able to save the animals.
（あなたはその動物たちを救うことができるかもしれません。）

toのあとは動詞の原形がくるよ。

2　be able to の否定文・疑問文

否定文と疑問文のつくり方はbe動詞の文と同じです。

「〜することができない」と否定するときは，be動詞のあとにnot を入れます。

> She was able to swim fast. （彼女は速く泳げました。）♪11
> She wasn't able to swim fast. （彼女は速く泳げませんでした。）

「〜することができますか」とたずねるときは，be動詞で文をはじめます。疑問文にはbe動詞を使って答えます。

> ♪12
> Was she able to swim fast? （彼女は速く泳げましたか。）
> — Yes, she was. / No, she wasn't. （はい。／いいえ。）

否定文でも疑問文でも able と to 〜 は離れないよ。

✓ チェック問題

次の___に適する語を入れましょう。

(1) 彼は昨日学校に行くことができましたか。
　　—いいえ，行けませんでした。
　　_____ he _____ _____ go to school yesterday?
　　— No, he _____.

(2) 彼らは上手に英語が話せるようになるでしょう。
　　They _____ _____ _____ to speak English well.

解　答

(1) Was, able to / wasn't
　　▶be動詞で文をはじめる。

(2) will be able
　　▶canの未来はwill be able to 〜。

3 may

「許可」「推量」を表す助動詞

【基本例文】

May I use this computer?

（このコンピューターを使ってもいいですか。）

♪13

ここで 学 習 すること

「～してもよいですか」とていねいにたずねるときは，may を使います。

【日本語】 このコンピューターを使ってもいいですか。

【英　語】 **May I use this computer?**

└─ May で文をはじめる

---

 1 may の意味

may は「～してもよい」という「許可」の意味をつけ加えます。

「～してもよいですか」とていねいに許可を求めるときは，**May I ～?** と言います。あとの動詞は原形にします。

May I ～? には，Sure.／All right.／OK. （いいですよ。）などの表現を使って答えます。

May I go home?	（帰ってもいいですか。）	♪14
― Sure.	（いいですよ。）	
May I see your passport, please?		
	（パスポートを拝見してもよろしいですか。）	
― Here you are.	（はい，どうぞ。）	

くわしく　may の使い方

You may ～. は，子どもや目下の人に対して使います。

また，May I ～? への Yes, you may. や No, you may not. という答えも，子どもなどに対してだけ使います。ふつうは，Sure. などと応じます。

Here you are. は「はい，どうぞ」と，相手にものを手渡すときの表現だよ。

2 「〜かもしれない」の文

may は，「推量」を表して，「〜かもしれない」という意味でも使われます。

His story is true.	（彼の話は本当です。）　♪15
His story may be true.	（彼の話は本当かもしれません。）

「〜ではないかもしれない」と否定する場合は，may のあとに not を入れます。

	♪16
Ann may be at home.	（アンは家にいるかもしれません。）
Ann may not be at home.	（アンは家にいないかもしれません。）

発展　may の過去形 might

might は may の過去形ですが，may と同じように現在の文で使われ，「〜かもしれない」という推量の意味を表します。

be 動詞の原形は be だったよね。

✅チェック問題

次の____に適する語を入れましょう。

(1) このペンを使ってもよいですか。―いいですよ。
　　_____ _____ use this pen?
　　― _____.

(2) あなたはテレビを見てもいいですよ。
　　You _____ watch TV.

(3) バスが遅れているかもしれません。
　　The bus _____ be late.

(4) 私は今日練習に行かないかもしれません。
　　I _____ _____ go to practice today.

	解　答
(1)	May〔Can〕I / Sure〔OK〕
(2)	may〔can〕
(3)	may〔might〕
(4)	may〔might〕not

4 have to

「義務」を表す熟語

♪ 17

You **have to** get up early tomorrow.

（あなたは明日早く起きなければなりません。）

「〜しなければならない」と言うときは，**have to** を使います。

You get up early tomorrow. （あなたは明日早く起きます。）

↓ 動詞の前に have to を入れる。あとの動詞は原形

You **have to** get up early tomorrow.

（あなたは明日早く起き なければなりません。）

1 **have to の文**

「〜しなければならない」と言うとき，動詞の前に**have to** を入れます。have to のあとの動詞は原形にします。

You stay home.	（あなたは家にいます。） ♪ 18
You have to stay home.	（あなたは家にいなければなりません。）

主語が３人称単数のときはhasを使って**has to** にします。has to のあとの動詞の形は原形です。

He helps his mother.	（彼は母親を手伝います。） ♪ 19
He has to help his mother.	（彼は母親を手伝わなければなりません。）

S 🎤 スピーキング **have to, has to の 発音に注意!**

have to は[hǽftu(:) ハ フ トゥ (ー)]または[hǽftə ハフタ]，has to は[hǽstu(:) ハストゥ(ー)]，または [hǽstə ハスタ]と発音することが多いです。

🔖くわしく **have to を使う場面**

have to は状況や他人からの影響などから「〜しなくてはならない」と言うときに使います。例えば，「（人が訪ねてくるから）家にいなければならない」や「（ほかに手伝う人がいないので）手伝わなければならない」というようなときに使います。

2 (have to の否定文・疑問文)

　否定文は don't か doesn't を have to の前に入れます。**don't have to** は「〜する必要はない」「〜しなくてもよい」という意味になります。×「〜してはいけない」という禁止の意味にはなりません。

> ♪20
> You have to leave now. 　（あなたはもう出発しなければなりません。）
> You don't have to leave now.
> 　　　　　　　　　　（あなたは今，出発する必要はありません。）

　疑問文は，Do または Does で文をはじめます。答えるときにはふつうの一般動詞の疑問文に答えるのと同じように，Yes, she does. / No, she doesn't. のように答えます。

> ♪21
> Does she have to study today?
> 　　　　　　　（彼女は今日勉強しなければなりませんか。）
> — Yes, she does. / No, she doesn't. 　（はい。／いいえ。）

3 (had to の文)

　「〜しなければならなかった」のように過去のことを言うときは，have to を過去形にして，**had to** を動詞の前に入れます。

> ♪22
> He had to study hard.
> 　　　　　（彼は熱心に勉強しなければなりませんでした。）
> He had to wash the dishes.
> 　　　　　（彼はお皿を洗わなくてはなりませんでした。）

> have to, has to
> の疑問文は Do,
> Does ではじめるよ。

発展　「〜する必要はなかった」

「〜する必要はなかった」という過去の文は，didn't have to で表します。

・You didn't have to buy the book.

（あなたはその本を買う必要はありませんでした。）

5 must

「義務」「禁止」などの意味を表す助動詞

基本例文

You **must** read this book.

（あなたはこの本を読まなければなりません。）

ここで 学習 すること

「〜しなければならない」と言うときは，**must** を動詞の前に入れます。

You 　　　 read this book. 　　　（あなたはこの本を読みます。）

↓ 動詞の前に must を入れる。あとの動詞は原形

You must read this book. 　　　（あなたはこの本を読まなければなりません。）

1 mustの意味

must は「〜しなければならない」という「義務」の意味をつけ加えます。must は動詞の前に入れて，あとの動詞は原形にします。

> You help your family. 　　（あなたは家族を手伝います。）　　♪24
> You must help your family.
> 　　　　　　　　　　（あなたは家族を手伝わなければなりません。）
> ┄┄┄┄┄┄┄┄┄┄┄┄┄┄┄┄┄┄┄┄┄┄┄┄
> We respect other cultures. 　　（私たちはほかの文化を尊重します。）
> We must respect other cultures.
> 　　　　　　　　　（私たちはほかの文化を尊重しなければなりません。）

must は，自分が「〜しなければならない」という気持ちを表すときによく使われます。これに対して，**have to** は，何か事情があって「（自分の気持ちとは関係なく）しなければならない」という事実を伝えるときによく使います。

W ライティング ✎ 3人称単数の主語に注意!

　主語が3人称単数のとき，助動詞にsをつけたり，動詞を3単現の形にしたりするミスが多いので注意しましょう。

× She *musts* go home.
× She must *goes* home.
○ She must go home.

mustには「〜にちがいない」という意味もあります。

He is a new English teacher.（彼は新しい英語の先生です。）♪25
He must be a new English teacher.

（彼は新しい英語の先生にちがいありません。）

2 mustの否定文・疑問文

否定文はmustのあとにnotを入れます。**must not**は「〜してはいけない」という禁止の意味を表します。

You must not swim in this river. ♪26

（あなたはこの川で泳いではいけません。）

「〜しなければなりませんか」とたずねるmustの疑問文は，Mustで文をはじめます。

また，「〜しなければなりませんか」というmustの質問に，Noを使って「その必要はありません」と答える場合，must notではなくdon't have toを使って答えます。

Must I go now? （私は今，行かなければなりませんか。）♪27
— Yes, you must. （はい，行かなければなりません。）
Must I help you tomorrow?

（私は明日あなたを手伝わなければなりませんか。）

— No, you don't have to. （いいえ，その必要はありません。）

Ｓ 🎤 mustn'tの発音
スピーキング

must notの短縮形はmustn'tで［mʌ́snt マスント］と発音します。

テストで 答え方に注意
注意

Must I 〜?（私は〜しなければなりませんか。）という質問に No で答えるとき，don't have to で答えるという問題が出ます。

3　過去の文・未来の文

「～しなければならなかった」のように過去のことを言うときは，mustには過去形がないので，have toの過去形の **had to** を動詞の前に入れます。

「～しなければならないでしょう」のように未来のことを言うときは，mustは助動詞なので，×will mustのように2つ並べることはできません。したがって，mustをhave toにかえて，**will have to** の形にします。

I had to stay home.　　　　（私は家にいなければなりませんでした。）
She will have to study English.

（彼女は英語を勉強しなければならないでしょう。）

☑ **チェック問題**

次の＿＿に適する語を入れましょう。

(1) 彼女はピアノを練習しなければなりません。

　　She ＿＿＿＿＿＿ ＿＿＿＿＿＿ practice the piano.

(2) 私は公園へ行かなければなりませんか。

　　―いいえ，その必要はありません。

　　＿＿＿＿＿＿ I go to the park?

　　― No, you ＿＿＿＿＿＿ ＿＿＿＿＿＿ ＿＿＿＿＿＿.

(3) 彼は宿題をしなければなりませんでした。

　　He ＿＿＿＿＿＿ ＿＿＿＿＿＿ do his homework.

解答

(1) has to
　　▶主語が3人称単数で，空所が2つなのでhas to。

(2) Must / don't have to

(3) had to
　　▶過去の文ではhave toの過去形のhad toを使う。

6 　　I'd like 〜.

「希望」「依頼」などのていねいな意味を表す文

基本例文

I'd like to play tennis.

♪29

（私はテニスをしたいのですが。）

ここで
学 習
すること

ていねいに希望を伝えるときには **would like to** を使います。

I want to 　　　 play tennis. 　　（私はテニスをしたい。）

動詞の前に would like to を入れる。あとの動詞は原形

I would like to play tennis. 　　（私はテニスをしたいのですが。）

---

1 「〜がほしい」の I'd like 〜.

「〜がほしい」は，**I'd like 〜.** と言います。I'dはI would の短縮形で，I'd like 〜.はI want 〜.のていねいな言い方です。

| I'd like some water. | （私は水がほしいのですが。） | ♪30 |
| I'd like a cup of tea. | （私はお茶が1杯ほしいのですが。） | |

2 「〜したい」の I'd like to 〜.

「〜したい」のように希望を伝えるときは，**I'd like to 〜.** と言います。I want to 〜.のていねいな言い方で，あとの動詞は原形です。

I'd like to try this on. 　（私はこれを試着したいのですが。）♪31
I'd like to ask you some questions.

（いくつか質問をしたいのですが。）

☑確認 **そのほかの短縮形**

wouldはwillの過去形です。wouldを使った短縮形は，
I would→I'dのほか，
you would→you'd
he would→he'd
などがあります。

106

7　Would you like ～?

「提案」などのていねいな意味を表す文

基本例文 ♪32

Would you like to play tennis?

（あなたはテニスをしたいですか。）

ここで **学習** すること

ていねいに提案をしたいときには **Would you like** の形を使います。

I would like to play tennis. （私はテニスをしたいのですが。）

↓ Would で文をはじめる

Would you like to play tennis? （あなたはテニスをしたいですか。）

1 「～がほしいですか」の Would you like ～?

「～がほしいですか」と希望をたずねたり，「～はいかがですか」のように相手にものをすすめたりするときは，**Would you like ～?** と言います。これは Do you want ～? のていねいな言い方です。

Would you like ～?には，次のように答えます。

Yes, please.　（はい，お願いします。）　　No, thank you.　（いいえ，結構です。）
Thank you.　（ありがとう。）

I'd like some tea.　　　　　　　（お茶がほしいです。）　♪33
Would you like some tea?　　　（お茶はいかがですか。）
Would you like something to drink?
　　　　　　　　　　　　　　　（何か飲み物はいかがですか。）
— Yes, please.　　　　　　　　（はい，お願いします。）

発展 Would you ～?

Would you ～?は「～していただけませんか」とていねいに頼むときに使います。
・Would you help me?
（手伝っていただけませんか。）

> would を使ったていねいな表現は，会話でよく使われるよ。

107

2 「〜したいですか」のWould you like to 〜?

「〜したいですか」のように希望をたずねたり，「〜しませんか」と相手を誘ったりするときは，**Would you like to 〜?** と言います。これはDo you want to 〜? のていねいな言い方で，toのあとの動詞は原形にします。

Would you like to come with me?	♪ 34
	（私といっしょに来ませんか。）
— Yes, I'd love to.	（はい，喜んで。）

「何を〜したいですか」のように希望をたずねるときは，Whatのあとにwould you like to 〜?の疑問文の形を続けます。

What would you like to eat?	♪ 35
	（あなたは何が食べたいですか。）
— I'd like to eat pizza.	（ピザが食べたいです。）

参考 その他の相手を誘う表現
・Why don't you[we] 〜? （〜しませんか。）
・How about 〜ing? （〜するのはどうですか。）
・Shall we 〜? （〜しましょうか。）

くわしく **Would you like to 〜?への応答**
Would you like to 〜?には，次のように答える。
・I'd love to.
（はい，喜んで。）
・That's a good idea.
（いい考えですね。）
・Sounds good.
（いいですね。）
・I'm sorry, 〜.
（残念ですが，〜。）

✓ チェック問題

次の___に適する語を入れましょう。

(1) この手紙を日本に送りたいのですが。

_____ _____ to send this letter to Japan.

(2) あなたは何か飲みたいですか。—ええ，お願いします。

_____ you like _____ drink something?
— Yes, please.

解 答

(1) I'd like
▶空所の数からI'dという短縮形を使う。I wantとしてもよい。

(2) Would, to
▶Do you want to 〜?のていねいな言い方になる。

8　shall

「申し出」「提案」を表す助動詞

基本例文

基本例文

Shall I open the window?　♪36

（窓を開けましょうか。）

ここで **学習** すること

「〜しましょうか」と申し出るときは，shall を使います。

【日本語】　私が窓を開けましょうか。

【英　語】　**Shall I open the window?**
　　　　　　┗ Shall で文をはじめる

1　「〜しましょうか」の Shall I 〜?

「（私が）〜しましょうか」と申し出るときは，**Shall I 〜?** と言います。あとの動詞は原形にします。

Shall I call her?	（私が彼女に電話しましょうか。）	♪37
— Yes, please.	（はい，お願いします。）	
What shall I do?	（どうしたらいいでしょうか。）	

2　「〜しましょうか」の Shall we 〜?

「（いっしょに）〜しましょうか」と誘ったり，提案するときは，**Shall we 〜?** と言います。あとの動詞は原形にします。

Shall we go shopping?	（買い物に行きましょうか。）	♪38
— Yes, let's.	（はい，そうしましょう。）	

発展　shall の過去形

shall の過去形の should を使って，Should I 〜? という言い方が使われることもあります。

・Should I take a picture?
　（私が写真を撮りましょうか。）

Ⓢ スピーキング　Shall I 〜? への答え方

Shall I 〜? には，Yes, please.（はい，お願いします。）や No, thank you.（いいえ，結構です。）などと応じます。

Ⓢ スピーキング　Shall we 〜? への答え方

Shall we 〜? には，Yes, let's.（はい，そうしましょう。）や No, let's not.（いいえ，よしましょう。）/ I'm sorry I can't.（すみませんが，できません。）などと応じます。

9 should

「助言・義務」を表す助動詞

♪ 39

> **基本例文**

You **should** study English.

（あなたは英語を勉強すべきです。）

> ここで
> **学 習**
> すること

「〜すべきだ」と言うときは，**should** を使います。

You   study English.   (あなたは英語を勉強します。)

↓ should を動詞の前に入れる。あとの動詞は原形

You should study English.   (あなたは英語を勉強すべきです。)

「〜したほうがよい」「〜すべきだ」のように「助言」や「義務」の意味を表すときは，**should** を使います。あとの動詞は原形にします。

You should read this book.   ♪ 40

（あなたはこの本を読んだほうがいいですよ。）

You should be careful. （あなたは注意深くするべきです。）

> should not は
> 「〜すべきでない」
> という意味だよ。

> **✓ チェック問題**

次の＿＿に適する語を入れましょう。

(1) （いっしょに）テニスをしましょうか。— そうしましょう。

   ＿＿＿＿＿＿ ＿＿＿＿＿＿ play tennis?

   — Yes, ＿＿＿＿＿＿.

(2) あなたは博物館までバスに乗ったほうがよいです。

   You ＿＿＿＿＿＿ take a bus to the museum.

    解 答

(1) Shall we / let's

▶ 「いっしょに〜しましょうか」は Shall we 〜? でたずねる。

(2) should

▶ 「〜したほうがよい」は should。

定期テスト予想問題 ③

1 次の日本文に合う英文になるように，（　　）に適するものを下から選び，その記号を○で囲みなさい。 【4点×4】

(1) You (　　) help your mother. （あなたはお母さんを手伝わなければなりません。）
　　ア　can　　　　　イ　may　　　　　ウ　must　　　　　エ　should

(2) It (　　) rain this afternoon. （今日の午後，雨が降るかもしれません。）
　　ア　must　　　　イ　may　　　　　ウ　mustn't　　　　エ　should

(3) You (　　) go to bed early tonight. （今夜は早く寝たほうがいい。）
　　ア　don't have to　イ　should　　　ウ　must　　　　　エ　would like to

(4) (　　) I use your bike? （あなたの自転車を使ってもいいですか。）
　　ア　Can　　　　　イ　Must　　　　　ウ　Shall　　　　　エ　Would

2 次の文の（　　）に適するものを下から選び，その記号を○で囲みなさい。 【4点×3】

(1) You (　　) go shopping with your friends if you finish your homework.
　　ア　are　　　　　イ　didn't　　　　ウ　mustn't　　　　エ　may

(2) You (　　) stay here.　You can go home.
　　ア　don't have to　イ　should　　　ウ　must　　　　　エ　would like

(3) Shall I cook lunch? ― (　　)　I'm hungry.
　　ア　Yes, I can.　　イ　No, I can't.　ウ　Yes, please.　エ　No, thank you.

3 次の _____ に適する語を入れて，ほぼ同じ内容を表す英文を完成しなさい。 【4点×3】

(1) Junko must practice the piano harder.
　　Junko _____ _____ practice the piano harder.

(2) Let's play soccer after school.
　　_____ _____ play soccer after school?

(3) Why don't you come with us?
　　_____ you _____ to come with us?

4 次の日本文に合うように，＿＿＿＿に適する語を入れなさい。　　　　　　　【5点×4】

(1) 私の妹はとても速く泳ぐことができます。

My sister ＿＿＿＿＿＿＿＿ ＿＿＿＿＿＿＿＿ very fast.

(2) ドアを開けましょうか。— いいえ，結構です。

＿＿＿＿＿＿＿＿ ＿＿＿＿＿＿＿＿ open the door? — No, thanks.

(3) みんな制服を着なければなりませんでした。

Everyone ＿＿＿＿＿＿＿＿ ＿＿＿＿＿＿＿＿ wear a school uniform.

(4) お茶はいかがですか。— はい，ありがとうございます。

＿＿＿＿＿＿＿＿ ＿＿＿＿＿＿＿＿ like some tea? — Yes, thank you.

5 次の日本文の意味を表す英文になるように，（　　）内の語を並べかえなさい。　【6点×4】

(1) 私たちといっしょに昼食を食べませんか。

(you / lunch / to / would / have / like) with us?

＿＿＿＿＿＿＿＿＿＿＿＿＿＿＿＿＿＿＿＿＿＿＿ with us?

(2) あなたは明日の朝，早く起きなくてもいいです。

(don't / early / to / up / you / get / have) tomorrow morning.

＿＿＿＿＿＿＿＿＿＿＿＿＿＿＿＿＿＿＿＿ tomorrow morning.

(3) これらの本をどこに置きましょうか。　(books / I / where / put / these / shall)

＿＿＿＿＿＿＿＿＿＿＿＿＿＿＿＿＿＿＿＿＿＿＿＿＿

(4) あなたは上手に英語が話せるようになるでしょう。

(be / English / you'll / to / well / able / speak)

＿＿＿＿＿＿＿＿＿＿＿＿＿＿＿＿＿＿＿＿＿＿＿＿＿

6 次のような場面ではどのように言いますか。英語で書きなさい。　　　　　　【8点×2】

(1) 相手に，宿題を手伝ってくれないかと頼むとき。

＿＿＿＿＿＿＿＿＿＿＿＿＿＿＿＿＿＿＿＿＿＿＿＿＿

(2) 電話をかけて，相手に「ケイト(Kate)さんをお願いしたいのですが」と伝えるとき。

＿＿＿＿＿＿＿＿＿＿＿＿＿＿＿＿＿＿＿＿＿＿＿＿＿

いろいろな不定詞

1 不定詞とは

〈to＋動詞の原形〉の形

基本例文

♪01

He visited Kyoto **to see** his friends.

（彼は友達に会うために京都を訪れました。）

ここで 学 習 すること

不定詞〈**to**＋動詞の原形〉は，文の中で，名詞，副詞，形容詞などの働きをして，いろいろな意味を表します。「～すること」「～するために」「～するための」などの意味を表す不定詞の基本的な3つの用法を復習します。

---

1 不定詞の働き

不定詞は，主語や現在・過去・未来に関係なく，つねに〈**to**＋動詞の原形〉の形で，動詞や名詞，形容詞などにいろいろな情報をプラスする働きをします。

2 不定詞の基本3用法

名詞の働きをする用法 （名詞的用法）	「～すること」	動詞の目的語や主語になる
副詞の働きをする用法 （副詞的用法）	「～するために」	目的を表す
形容詞の働きをする用法 （形容詞的用法）	「～するための」 「～すべき」	前の名詞を修飾

参考 to不定詞

動詞の原形だけの不定詞を原形不定詞（→p.138）と言うのに対して〈**to**＋動詞の原形〉の形をした不定詞を「**to**不定詞」と言います。

参考 Why～?の答えとなる副詞的用法

「～するために」という意味の不定詞は，Why ～? の問いに「～するためです」と目的を答えるときにも使われます。

・Why did you go to the park?
— To take pictures.
（あなたはなぜ公園へ行ったのですか。— 写真を撮るためです。）

I like to take pictures.（私は写真を撮ることが好きです。）〈名詞的用法〉

♪02

I go to the park to take pictures.

（私は写真を撮るためにその公園へ行きます。）〈副詞的用法〉

I have no time to take pictures.

（私は写真を撮る〈ための〉時間がありません。）〈形容詞的用法〉

3 「～して」と感情の原因を表す用法

副詞の働きをする不定詞には，「～してうれしい」などという意味で，感情の原因を表す用法があります。

この用法では，次の形容詞との組み合わせがよく使われます。

be happy[glad] to ～	（～してうれしい）
be sad to ～	（～して悲しい）
be sorry to ～	（～して残念だ）
be surprised to ～	（～して驚く）

I'm glad to see you again. （あなたにまた会えてうれしいです。） ♪03

I'm sorry to hear that. （それを聞いて残念です。）

We were surprised to see the picture.

（私たちはその写真を見て驚きました。）

〈to ＋動詞の原形〉の形はかわらないよ。

✅ チェック問題

次の___に適する語を入れましょう。

(1) 私はフランスを訪れたい。

I want _____ _____ France.

(2) 彼女は今日，することがたくさんあります。

She has a lot of things _____ _____ today.

(3) 彼は勉強をするために図書館へ行きました。

He went to the library _____ _____.

(4) 彼らはそれを聞いてうれしかった。

They were happy _____ _____ that.

解　答

(1) to visit

▶「～したい」は want to ～。

(2) to do

▶この to do は前の things を修飾している。

(3) to study

(4) to hear

115

2 It … to ～.

「～することは…です」

♪04

基本例文

It is important for us to learn English.
（英語を学ぶことは私たちにとっては大切です。）

ここで 学 習 すること

「～することは…だ」という文は，**It … to ～.** で表します。

【to ～が主語】 **To learn English is important for us.**（英語を学ぶことは私たちには大切です。）

↓ とりあえずの主語itを使って表す

【Itが主語】 **It is important for us to learn English.**

---

1 It … to ～. の文

不定詞（**to＋動詞の原形**）が主語のときは，**It** を「とりあえずの主語」として〈It is[was]＋形容詞または名詞〉で文をはじめて，あとに本当の主語である不定詞を続けます。

It is easy to send e-mails.（メールを送ることは簡単です。）♪05

2 よく使われる形容詞・名詞

次の形容詞がよく使われます。

easy	（やさしい，簡単な）	good	（よい）
difficult	（難しい，困難な）	hard	（難しい）
interesting	（おもしろい）	important	（大切な）
useful	（役に立つ，有益な）	exciting	（興奮させる）
dangerous	（危険な）	necessary	（必要な）

くわしく「とりあえずの主語」のit

It … to ～. のIt は「形式主語」や「仮主語」と呼ばれます。また，to ～は「本当の主語」「真主語」と呼ばれることがあります。

不定詞自体が主語として使われることはあまりないよ。

It's good to have breakfast. ♪06
(朝食を食べることはよいです。)

It was difficult to solve the problem.
(その問題を解決するのは難しかった。)

3 「―にとって」の言い方

不定詞の動作をするのがだれなのかをはっきりさせるために「―にとって」と言うときは，for me（私にとって）のように 〈for＋人〉を to ～の前に入れます。

It is a lot of fun for us to dance together. ♪07
(いっしょに踊ることは私たちにとってとても楽しいです。)

It was exciting for me to play tennis with him.
(彼とテニスをすることは私にはわくわくすることでした。)

4 否定文・疑問文の形

It is［was］… to ～.の否定文はbe動詞のあとにnotを入れます。

It is dangerous to swim here today. ♪08
(今日ここで泳ぐのは危険です。)

It is not dangerous to swim here today.
(今日ここで泳ぐのは危険ではありません。)

It was easy for them to read this book.
(この本を読むことは彼らにとって簡単でした。)

It was not easy for them to read this book.
(この本を読むことは彼らにとって簡単ではありませんでした。)

くわしく fun の使い方

fun（おもしろいこと，楽しさ）は名詞で，次のように使います。

・It's a lot of fun to play tennis.
(テニスをするのはとても楽しい。)

くわしく 〈for＋人〉の働き

この「人」は，to ～の動作をする人を表しているので「不定詞の意味上の主語」と呼ばれることがあります。

〈for＋人〉の「人」に代名詞がくるときは me，him などの目的格にするよ。

4章 いろいろな不定詞

117

疑問文はitの前にbe動詞を出してbe動詞ではじめます。

♪09

Is it interesting to talk with people from other
countries? 　　　　　　　（外国の人たちと話すことはおもしろいですか。）
　― Yes, it is. / No, it isn't.　（はい。／いいえ。）

Was it hard for you to get up early?
　　　　　　　　　　　　　　　（あなたには早起きは難しかったですか。）
　― Yes, it was. / No, it wasn't.　（はい。／いいえ。）

✔確認　答え方

　Is it ~?やWas it ~?の疑問文
には，Yes, it is[was].か，No, it
isn't[wasn't].で答えます。
（→p.31）

✅ チェック問題

次の____に適する語を入れましょう。

(1) 手紙を書くことは簡単です。

　_____ is easy _____ write letters.

(2) 英語を勉強することは私にとって大切です。

　It's important _____ _____ to study English.

(3) あなたにとってピアノを弾くことは難しいですか。

　_____ _____ difficult for you _____ play
the piano?

(4) 彼らにとって料理することはおもしろくありません。

　It _____ interesting for _____ _____
cook.

解　答

(1) It, to

(2) for me
　▶「~にとって」は〈for＋
　人〉。forのあとの代名詞
　は目的格にする。

(3) Is it, to

(4) isn't, them to

3 how to ～

「～のしかた」

♪10

He knows **how to** play the guitar.

（彼はギターの弾き方を知っています。）

ここで
学 習
すること

「どのように～すればよいか」と言うときは，**how to ～** で表します。

【日本語】 彼はギターの<u>弾き方</u>を知っています。

↓ how to を使って表す

【英 語】 He knows <u>how to play</u> the guitar.

1 how to ～の形

how to ～は「どのように～すればよいか」「～のしかた」という意味で，know（～を知っている）やlearn（～を学ぶ）などの動詞のあとにきます。

I want to know how to cook curry. ♪11
（私はカレーの作り方を知りたい。）

My grandfather doesn't know how to use a smartphone.
（私の祖父はスマートフォンの使い方を知りません。）

Have you learned how to use this camera?
（あなたはこのカメラの使い方を習いましたか。）

くわしく how to ～の働き

how to ～はひとまとまりで名詞の働きをして，know などの動詞の目的語になっています。

to のあとは
動詞の原形。

2 「人に～のしかたを教える」の文

how to ～は，know やlearnのほかに，tell（～を話す，言う）やshow（～を見せる），teach（～を教える），ask（～をたずねる）などの動詞のあとにくることもあります。

> Could you tell me how to study English? ♪12
> （私に英語の勉強のしかたを教えていただけませんか。）
> ....
> We showed them how to make an *origami* crane.
> （私たちは彼らに折り鶴の作り方を教えました。）
> ....
> She asked me how to say it in Japanese.
> （彼女は私にそれを日本語でどう言うかをたずねました。）

3 「～への行き方」の文

どこかへの行き方や道をたずねるときは，how to get to ～（～への行き方）という表現をよく使います。

> I don't know how to get to the library. ♪13
> （私は図書館への行き方を知りません。）

how to get to ～は，Could you tell me ～?などの人にたずねる表現や，I'll show you ～.などの人に教える表現に続けて使うこともあります。

> Could you tell me how to get to the hospital? ♪14
> （病院への行き方を教えていただけませんか。）
> I'll tell you how to get to my house from the station.
> （あなたに駅から私の家への行き方を教えます。）

くわしく **2つの目的語をとる動詞**

tellやshow などは，あとに〈人＋how to ～〉を伴って，2つの目的語をとる文（SVOOの文）をつくります。

> how to はやり方を質問するときなどに使うと便利だよ。

 スピーキング **～への行き方**

「～への行き方」は，how to get to ～のほかに，the way to ～（～への道順）を使っても表すことができます。

・Could you tell me the way to the library?
（図書館への道順を教えていただけませんか。）

4 〈疑問詞＋to 〜〉

「何を〜すればよいか」

基本例文

♪15

I don't know **what to** do next.

（私は次にどうすればよいか[←何をすればよいか]わかりません。）

ここで 学 習 すること

「何を〜すればよいか」と言うときには **what to** 〜 を使って表します。

【日本語】　私は次にどうすればよいかわかりません。

↓ what to 〜を使って表す

【英　語】　**I don't know** <u>what to do</u> next.

1 「何を〜すればよいか」の言い方

〈**what to** ＋動詞の原形〉は「何を〜すればよいか」という意味で，know や tell などの動詞のあとでよく使われます。

She told me **what to** study.
♪16
（彼女は私に何を勉強すればよいか教えてくれました。）

I didn't know **what to** give her for her birthday.
（私は彼女の誕生日に何をあげればよいかわかりませんでした。）

Do you know **what to** bring to the party?
（あなたはパーティーに何を持っていけばよいか知っていますか。）

発展 〈what＋名詞＋to 〜〉 の形

what のあとに名詞がくることもあります。

・I don't know what book to read.
（私は何の本を読めばよいかわかりません。）

121

2 〈疑問詞＋to 〜〉の文

where（どこ），when（いつ），which（どちら）などの，what以外の疑問詞のあとに〈to＋動詞の原形〉を続ける表現もあります。

〈**where to** ＋動詞の原形〉は「どこで［に］〜すればよいか」という意味を表します。

> I asked her where to eat lunch.　♪17
> （私はどこで昼食を食べればよいか彼女にたずねました。）

〈**when to** ＋動詞の原形〉は「いつ〜すればよいか」という意味を表します。

> Please tell me when to visit him.　♪18
> （いつ彼を訪ねればよいか私に教えてください。）

〈**which to** ＋動詞の原形〉は「どちらを〜すればよいか」という意味を表します。

> I can't decide which to buy.　♪19
> （私はどちらを買えばよいか決められません。）

> 発展　〈which＋名詞＋to〜〉の形
>
> whichのあとに名詞がくることもあります。
> ・I know which bus to take.
> （私はどちらのバスに乗ればよいか知っています。）

☑ チェック問題

次の＿＿に適する語を入れましょう。

(1) あなたはこの単語の読み方を知っていますか。

　　Do you know ＿＿＿＿ ＿＿＿＿ read this word?

(2) 次に何をすればよいか森先生に聞きましょう。

　　Let's ask Ms. Mori ＿＿＿＿ ＿＿＿＿ do next.

(3) 彼女はどこでバスを降りればよいか知りませんでした。

　　She didn't know ＿＿＿＿ ＿＿＿＿ get off the bus.

＿＿＿＿ 解 答 ＿＿＿＿

(1) how to
　　▶「〜のしかた」はhow to 〜。

(2) what to

(3) where to

122

5 want … to 〜

「…に〜してほしい」

基本例文

I **want** you **to** help me with my homework.

（私はあなたに私の宿題を手伝ってほしい。）

ここで 学 習 すること

「(人) に〜してほしい」と言うときは，**want**に〈人＋**to** 〜〉を続けます。

【日本語】 私はあなたに私の宿題を手伝ってほしい。

↓ want＋人＋to 〜 の形で表す

【英 語】 I **want** you **to** help me with my homework.

---

1 「〜してほしい」の言い方

I want to 〜は主語のI（私）が「〜したい」という意味ですが，「(主語以外のだれか) に〜してほしい」と言うときは，〈want＋人＋to 〜〉の形で表します。toのあとには動詞の原形がきます。

I want to play the piano. （私はピアノを弾きたい。） ♪21
I want you to play the piano.

（私はあなたにピアノを弾いてほしい。）

She wants to listen to the CD.

（彼女はそのCDを聞きたがっています。）

She wants me to listen to the CD.

（彼女は私にそのCDを聞いてもらいたいと思っています。）

発展 ていねいな would like

wantのかわりにwould like を使うと，よりていねいな言い方になります。

・I'd like you to close the door.

（私はあなたにドアを閉めていただきたいのですが。）（→p.106）

Do you want me to ～?で「あなたは私に～してほしいですか」
という意味になります。

> Do you want to play the guitar?　　　　♪22
> 　　　　（あなたはギターを弾きたいですか。）
> Do you want me to play the guitar?
> 　　　　（あなたは私にギターを弾いてほしいですか。）

2 「～するように言う」の言い方

「（人）に～するように言う」と言うときは，〈tell＋人＋to ～〉
の形で表します。toのあとには動詞の原形がきて，tellのあとの
「人」がto ～の動作をする意味上の主語になっています。

> Ms. Green told me to speak in English.　　　♪23
> 　　　　（グリーン先生は私に英語で話すように言いました。）
> Could you tell her to call me back?
> 　　　　（私に電話をかけ直すように彼女に伝えてもらえますか。）

3 「～しないように言う」の言い方

「（人）に～しないように言う」と言うときは，〈tell＋人＋not
to ～〉の形で表します。toのあとには動詞の原形がきます。notが
toの前にくることに注意しましょう。

> Ms. Green told us not to speak in Japanese.　　♪24
> 　　　　（グリーン先生は私たちに日本語で話さないように言いました。）
> My father tells me not to use this computer.
> 　　　　（私の父は私にこのコンピューターを使わないように言います。）

W ライティング　申し出る表現

Do you want me to ～? は
「～してあげようか」と気軽に申し
出るときにも使えるので，Shall I
～?（～しましょうか）と同じ意味
を表すこともあります。(p.109)
・Do you want me to help
　you?
＝Shall I help you?
　（手伝ってあげようか。）

発展　命令文への書きかえ

〈tell＋人＋to ～〉の文は，
〈say to＋人，"命令文"〉の文と
ほぼ同じ意味を表します。
・She told me to study
　English.
　（彼女は私に英語を勉強するよう
　に言いました。）
＝ She said to me, "Study
　English."
　（彼女は私に「英語を勉強しなさ
　い」と言いました。）

> 〈tell＋人＋not to
> ～〉は〈say to＋
> 人，"Don't ～."〉
> とほぼ同じ意味を
> 表すよ。

4 「～するように頼む」の言い方

「(人) に～するように頼む」と言うときは、〈ask＋人＋to ～〉の形で表します。toのあとには動詞の原形がきます。

> He asked me to help him with his homework. ♪25
> （彼は私に宿題を手伝ってくれるように頼みました。）
>
> I asked Mike to speak more slowly.
> （私はマイクにもっとゆっくり話してくれるように頼みました。）
>
> Did you ask her to come here?
> （あなたは彼女にここに来てくれるように頼みましたか。）

発展 命令文への書きかえ

〈ask＋人＋to ～〉の文は、〈say to＋人, "Please ～."〉の文とほぼ同じ意味を表します。

・She asked me to speak English.

（彼女は私に英語を話すように頼みました。）

= She said to me, "Please speak English."

（彼女は私に「英語を話してください」と言いました。）

参考 helpを使った表現

〈help＋人＋to ～〉で「(人) が～するのを手伝う」という意味になります。この文では、to ～のtoのない形がよく使われます。

・He helped me (to) clean the room.

（彼は私が部屋をそうじするのを手伝ってくれました。）

チェック問題

日本文に合うように、(　　) 内の語句を並べかえましょう。

(1) 私は彼らにこの仕事を明日までに終わらせてほしい。

(I / them / finish / want / to) this work by tomorrow.

_____ this work by tomorrow.

(2) 先生は私たちに教室をそうじするように言いました。

(us / to / our teacher / clean / told) the classroom.

_____ the classroom.

(3) 私は彼女に私たちのチームに入ってくれるように頼みました。

(I / to / asked / join / her) our team.

_____ our team.

解答

(1) I want them to finish (this work by tomorrow.)
▶「彼らに～してほしい」は want them to ～。

(2) Our teacher told us to clean (the classroom.)
▶「私たちに～するように言う」は tell us to ～。

(3) I asked her to join (our team.)
▶「彼女に～するように頼む」は ask her to ～。

6 too … to 〜

「…すぎて〜できない」

♪ 26

基本例文

I'm **too** tired **to** run.

（私は疲れすぎて走れません。）

ここで 学 習 すること

「…すぎて〜できない」と言うときは **too** … **to** 〜を使います。

【日本語】　私は疲れすぎて走れません。

⬇ too … to 〜で表す

【英　語】　**I'm too tired to run.**

1 「…すぎて〜できない」の too … to 〜

too … **to** 〜で「…すぎて〜できない」「〜するにはあまりに…すぎる」という意味を表します。too tired to runのように，tooのあとには形容詞か副詞が，toのあとには動詞の原形が入ります。

too … to 〜の文では以下のような形容詞がよく使われます。

busy	（忙しい）	tired	（疲れた）
difficult	（難しい）	hard	（難しい）
young	（若い）	hot	（暑い，熱い）
old	（古い，年をとった）	cold	（寒い，冷たい）
expensive	（高価な）	hungry	（空腹な）

This box is **too** heavy **to** carry. ♪ 27

（この箱は重すぎて運べません。）

He is **too** young **to** drive a car.

（彼は車を運転するには若すぎます。）

✔ 確認　**too の文中での位置**

「〜もまた」という意味のtooはふつう文の終わりにおかれます。「〜すぎる」という意味のtooは形容詞や副詞の前におかれます。

・I think so, too.

（私もそう思います。）

・It's too cold today.

（今日は寒すぎます。）

2 「―にとって」の言い方

不定詞の動作をするのがだれなのかをはっきりさせるために「―にとって」と言うときは，〈for＋人〉を to ～の前に入れます。

> This bag is too expensive for me to buy.　♪28
> 　　　　　（このかばんは私には高すぎて買えません。）
> The tea was too hot for him to drink.
> 　　　　　（そのお茶は熱すぎて彼には飲めませんでした。）

forのあとの
代名詞は
目的格だよ。

3 so … that － can't ～への書きかえ

too … to ～の文は so … that － can't ～ を使って書きかえられることがあります。例えば I'm too tired to run. という文は，I'm so tired that I can't run. と同じ意味になります。

> She was too sleepy to study last night.　♪29
> She was so sleepy that she couldn't study last night.
> 　　　　　（昨夜，彼女は眠すぎて勉強できませんでした。）

☑ チェック問題

日本文に合うように，（　　）内の語を並べかえましょう。

(1) 私は今は忙しくてあなたを手伝うことができません。
　　(I'm / busy / you / to / help / too) now.
　　_____ now.

(2) 彼はおなかがすきすぎて歩けませんでした。
　　(he / too / to / hungry / walk / was)
　　_____

解　答

(1) I'm too busy to help you (now.)

(2) He was too hungry to walk.

7 ··· enough to ～

「十分…なので～できる」

基本例文

♪30

My brother is old **enough to** drive.
（私の兄は車を運転できる年齢です。）

ここで
学 習
すること

「十分…なので～できる」と言うときは **enough to** ～を使います。

【日本語】 私の兄は車を運転できる年齢です。

↓ enough to を使って表す

【英 語】 **My brother is old enough to drive.**

　enoughは「十分に」という意味です。名詞を修飾するときは名詞の前におかれますが，形容詞や副詞を修飾するときはkind enough（十分にやさしい）のように，形容詞や副詞のあとにきます。× *enough kind*とは言わないので注意しましょう。

　··· **enough to** ～で「十分…なので～できる」「～するには十分…」という意味を表します。enoughの前には形容詞か副詞が，toのあとには動詞の原形が入ります。

She is rich enough to buy this car.　♪31
（彼女は十分金持ちなのでこの車を買うことができます。）

It was warm enough for the children to swim in the sea.
（十分暖かかったので子どもたちは海で泳ぐことができました。）

くわしく 〈enough＋名詞〉

　enoughのあとに名詞がくることもあります。

・She has enough money to buy this car.
（彼女はこの車を買うのに十分なお金を持っています。）

発展 so ··· that ― (can) ～ への書きかえ

　enough to ～の文は，so ··· that ― (can) ～の文に書きかえられることもあります。

・He is kind enough to help us.（彼は十分親切なので，私たちを手伝ってくれます。）

→He is so kind that he helps us.（彼はとても親切なので，私たちを手伝ってくれます。）

使う
Column

不定詞のいろんな文を 使ってみよう！

不定詞の文はいろいろな場面で使われます。自分の意見を述べたり，道をたずねたり，人に手伝いを頼んだりと表現の幅が広がります。

① スピーチをしよう ♪32

自分の意見を述べるときに It … to ～. の文が便利です。

It is important for us to learn about other cultures.

It is important for us to use new technologies.

It is important for us to help each other.

ほかの文化について学ぶことは私たちにとって大切です。

新しい技術を使うことは私たちにとって大切です。

おたがいを助け合うことは私たちにとって大切です。

② 英語を話すことは… ♪33

It … to ～. の文は感想を述べるときにも便利です。

It's fun to speak English.

It's difficult for me to speak English.

え ー と … っ

英語を話すことは楽しいです。

ぼくにとって英語を話すことは難しいです。

③ 行き方をたずねよう ♪34

道をたずねるときには，how to get to ～（～への行き方）という表現が便利です。

図書館への行き方を知っていますか。
ごめんなさい，わからないです。

図書館への行き方を教えていただけますか。
もちろん。

④ 手伝ってくれる？ ♪35

tell … to ～ や want … to ～ を使います。

 Mr. Oka told me to take these into the classroom.

 Do you want me to help you?

 Yes, thank you.　Will you ask your friends to help me?

岡先生が私にこれらを教室に運ぶようにって。
手伝おうか？
ええ，ありがとう。あなたの友達にも手伝うように頼んでくれる？

5章

「A を B にする」

1 「AをBにする」

〈make A B〉など

基本例文

The news made me happy.

（その知らせは私を幸せにしました。）

ここで
学 習
すること

「AをBにする」と言うときは〈**make A B**〉という形を使います。

【日本語】　その知らせは 私を 幸せに しました。

【英　語】　The news made me　happy .
　　　　　　　　　　　　　　 A　　　B

---

1 「AをBにする」の文

　動詞makeのあとにA（目的語）＋B（補語）を続けた〈**make A B**〉という形の文は「AをBにする」という意味を表します。

　このときの「B」にあたる語（補語）には，「A」が，どんな状態であるかを表す形容詞がきて，「AはBである」という関係になります。

This song makes me happy.　　　♪02

（この歌は私を幸せにします。）

This book made him famous.

（この本は彼を有名にしました。）

参考 SVOCの文

　〈make A B〉は〈主語＋動詞＋目的語＋補語〉という形なので，「SVOCの文」と呼ばれます。

くわしく 「AはBである」

　左のThis song makes me happy.の文で，Aにあたる語はme，Bにあたる語はhappyです。この文ではme＝happy，つまりI am happy.の関係になっていると言えます。

SVOCの文は語順が大切だよ！

2　「目的語」「補語」とは

「目的語」とは動詞のあとにきて動作の対象となる「～を」にあたる語を言います。「補語」は主語や目的語を説明する働きをします。

3　「何がAをBにするのか」

what（何が）を主語として〈make A B〉を続けると，「何がAをBにするのか」とたずねることができます。

> What makes you happy?　　　　　　　　　♪03
> ― Reading books makes me happy.
> （何があなたを幸せにしますか。―本を読むことが私を幸せにします。）

4　「～してうれしい」などの書きかえ

〈make A B〉の文は，「もの」を主語にすることがよくありますが，「人」を主語にした文に書きかえられる場合もあります。

> The news made us surprised.　　　　　　♪04
> （その知らせは私たちを驚かせました。）
> We were surprised to hear the news.
> （私たちはその知らせを聞いて驚きました。）

whatを主語とした疑問文も，同様に人を主語にした文に書きかえられることがあります。

> What makes you so sad?　　　　　　　　♪05
> （何があなたをそんなに悲しませているのですか。）
> Why are you so sad?
> （あなたはなぜそんなに悲しいのですか。）

参考　**makeの意味の見分け方**

makeは目的語を2つ続けて，「AにBを作る」という文（SVOOの文）もつくります。

「AをBにする」の文との見分け方は，（A＝B）の関係になっているかいないかです。

（A＝B）の関係になっていれば，「AをBにする」の意味で，（A≠B）の関係になっていなければ，「AにBを作る」という意味になります。

・She made me happy.
　　　　　　　　（me＝happy）
（彼女は私を幸せにしました。）
・She made me a cake.
　　　　　　　（me≠a cake）
（彼女は私にケーキを作りました。）

発展　**補語に名詞がくることも**

〈make A B〉の文で，Bの部分に形容詞ではなく名詞がくることもあります。

・We made him our captain.
（私たちは彼をキャプテンにしました。）

5 「AをBにしておく」の文

あとに〈目的語＋補語〉をとる動詞には**keep**があり，**〈keep A B〉**で「AをBの状態に保つ」「AをBにしておく」という意味を表します。

このときの「B」にあたる語には，「A」の状態を表す形容詞がきて，「AはBの状態である」という関係になります。

You must keep your room clean. ♪06
（あなたは部屋をきれいにしておかなければなりません。）

These clothes keep people warm.
（これらの服は人々を暖かく保ってくれます。）

参考　**SVOCの文をつくる動詞**

「SVOCの文」をつくる動詞には，makeやkeepのほかに，leave（AをBのままにしておく）やfind（AがBだとわかる）などがあります。

・Leave the door open.
（ドアを開けたままにしておいてね。）

・You'll find the book interesting.
（あなたはその本がおもしろいとわかるでしょう。）

☑チェック問題

日本文に合うように，（　　）内の語句を並べかえましょう。

(1) その映画は私たちを悲しくさせました。

　　(us / made / the movie / sad)

　　_____

(2) ケイト（Kate）はトムの手紙を読んでうれしかった。

　　(Tom's / Kate / happy / made / letter)

　　_____

(3) ドアを開けておいてください。

　　(the / please / door / open / keep)

　　_____

解答

(1) The movie made us sad.

(2) Tom's letter made Kate happy.
　▶「トムの手紙がケイトをうれしくさせた」と考える。

(3) Please keep the door open. / Keep the door open, please.
　▶このopenは「開いている」という形容詞。

134

2 「AをBと呼ぶ」

〈call A B〉

基本例文

We call her Aki.

（私たちは彼女をアキと呼びます。）

♪07

ここで
学習
すること

「AをBと呼ぶ」と言うときは 〈**call A B**〉 という形を使います。

【日本語】 私たちは ｜彼女を｜ ｜アキと｜ 呼びます。

【英 語】 **We call** ｜her｜ ｜Aki｜ .
　　　　　　　　　　A　　 B

---

1 「AをBと呼ぶ」の文

　動詞callのあとにA（目的語）＋B（補語）を続けた 〈**call A B**〉 は，「AをBと呼ぶ」という意味を表します。

　このとき，「B」にあたる語には，「A」が何と呼ばれているかを表す名詞がきて，「AはBである」という関係になります。

They call the dog Lucky.　　　　　　　　　　♪08

　　　　　　　　　　（彼らはその犬をラッキーと呼びます。）

I am Kimura Ayako.　Please call me Aya.

　　　　　　　　　　（私は木村綾子です。アヤと呼んでください。）

参考 SVOCの文

　〈call A B〉 も 〈主語＋動詞＋目的語＋補語〉 の構造なので，「SVOCの文」と呼ばれます。

Call me ～. は自己紹介するときによく使われる表現だよ。

「AはBと呼ばれる」という受け身の文は〈A is called B.〉という形で表せます。この受け身の文は日本の文化や特有のものなどを紹介する文でもよく使われます。

> This is called a *furoshiki*.　♪09
>> （これは「ふろしき」と呼ばれています。）
>
> This flower is called a *yuri* in Japanese.
>> （この花は日本語で「ゆり」と呼ばれています。）

2　「何と呼ばれますか」の文

What is this called?は「これは何と呼ばれていますか」という意味を表し，〈call A B〉の受け身の疑問文の1つです。

この疑問文には，It is called 〜.のように答えます。

> What is this called in Japanese?　♪10
> — It's called a *chawan*.
>> （これは日本語で何と呼ばれていますか。—それは「茶碗」と呼ばれています。）
>
> What is this flower called in English?
> — It's called a rose.
>> （この花は英語で何と呼ばれていますか。—それは "rose" と呼ばれています。）

＞くわしく　**いっしょに使われる語句**

What is this called?の疑問文では，あとに「日本語で」「英語で」などの語句が続くことが多い。

3　「AをBと名づける」

動詞nameのあとにA（目的語）＋B（補語）を続けた〈name A B〉は，「AをBと名づける」という意味を表します。

> They named the baby Saki.　♪11
>> （彼らはその赤ん坊をサキと名づけました。）
>
> We named the cat Tama.
>> （私たちはそのねこをタマと名づけました。）

語順が大切。A＝Bの関係になっていることにも注目。

〈name A B〉の文は，受け身の形でも使われることがあります。「AはBと名づけられます」という受け身の文は〈A is named B.〉という形で表すことができます。

> The baby was named Saki. ♪12
> （その赤ちゃんはサキと名づけられました。）
>
> The cat was named Tama.
> （そのねこはタマと名づけられました。）

5章 〔AをBにする〕

☑ チェック問題

日本文に合うように，（　　　）内の語句を並べかえましょう。

(1) 彼らは私をケイと呼びます。

(me / they / Kei / call)

_____

(2) これはけん玉と呼ばれています。

(is / a *kendama* / called / this)

_____

(3) 私はその犬をシロと名づけました。

(Shiro / I / the dog / named)

_____

解答

(1) They call me Kei.

(2) This is called a *kendama*.
  ▶ 〈call A B〉の受け身の文。

(3) I named the dog Shiro.

137

3 「Aに〜させる」

〈make A ＋動詞の原形〉

基本例文

♪13

Mr. Miller made him stay after school.

（ミラー先生は彼を放課後残らせました。）

「Aに〜させる」は，〈**make A ＋動詞の原形**〉という形を使います。

【日本語】 ミラー先生は放課後， 彼を 残ら せました。

【英 語】 **Mr. Miller made him stay after school.**

A 　動詞の原形

---

1 「Aに〜させる」（make）の文

動詞 make のあとに〈A（目的語）＋動詞の原形〉を続けた〈**make A ＋動詞の原形**〉という形の文は，「**Aに〜させる**」という意味を表します。目的語のあとの動詞を原形にします。

このとき，Aと動詞の原形の関係は，Aがあとの動詞の意味上の主語になっています。

My mother made me clean the room. ♪14
（母は私にその部屋をそうじさせました。）

She made him wait for a long time.
（彼女は彼を長い間待たせました。）

参考 原形不定詞

これまでに学習した〈to ＋動詞の原形〉を「to不定詞」と言います。これに対して，to を使わずに動詞の原形だけの不定詞を「原形不定詞」と言います。不定詞なので，主語の人称や現在・過去などの時制に関係なく，いつも同じ形で使います。

発展 物が主語の文

〈make ＋A ＋動詞の原形〉は，物を主語にすることがよくあります。

・The movie made us laugh.
（その映画は私たちを笑わせました。→その映画を見て私たちは笑った。）

2 〈make A B〉との比較

　「AをBにする」という意味の〈make A B〉の文と同じような形をしていますが，〈make A B〉のBには「形容詞か名詞」がきます。一方，「Aに〜させる」の文では，Aのあとには「動詞の原形」がきます。make Aのあとに続く語が，「形容詞か名詞」か「動詞の原形」かで見分けます。

> This song makes me happy.　　　　　　　　　♪15
> 　　　　　　　　　　(この歌は私を幸せにします。)
> This song makes me feel happy.
> 　　　　　　　　　　(この歌は私を幸せに感じさせます。)

3 「Aに〜させる」(let) の文

　makeのほかに，letのあとに〈A(目的語)＋動詞の原形〉を続けた〈**let A＋動詞の原形**〉という形の文も，「**Aに〜させる**」という意味を表します。目的語のあとの動詞を原形にします。

> Let me introduce myself. (自己紹介をさせてください。)　♪16
> Please let me try again. 　(私にもう一度させてください。)

4 「Aに〜させる」の文

　「人に〜させる」という意味を表す動詞を「**使役動詞**」と言います。使役動詞には，**make**，**let**のほかに，**have**などがあります。

> We had him take a picture of us.　　　　　　♪17
> 　　　　(私たちは彼に私たちの写真を撮ってもらいました。)

発展 **Whatが主語の文**

　Whatを主語にした文は，人を主語にした文に書きかえることができます。日本語になおすときも，人を主語にして日本語らしい訳にしましょう。

・What makes you think so?
　(何があなたをそう考えさせますか。→なぜあなたはそう考えるのですか。)
= Why do you think so?

くわしく **makeとletのちがい**

　makeも**let**も「Aに〜させる」という文をつくりますが，次のような意味のちがいがあります。注意しましょう。
　makeは，相手の意志に関係なく強制的にさせるときに使い，「(むりやり)〜させる」という意味になります。
　letは，相手が望んでいることを許すときに使い，「(本人が望んでいるので自由に)〜させてあげる」という意味になります。

くわしく **使役動詞のhave**

　haveが使役動詞として使われる場合は，「(当然)〜してもらう」という意味合いが強くなります。

5 「Aが〜するのを手伝う」の文

helpのあとに〈A（目的語）＋動詞の原形〉を続けた〈help A＋動詞の原形〉という形の文は，「**Aが〜するのを手伝う**」という意味を表します。目的語のあとの動詞を原形にします。

このとき，Aと動詞の原形の関係は，Aがあとの動詞の意味上の主語になっています。

He helped me do my homework.　♪18
　　（彼は私が宿題をするのを手伝ってくれました。）

Can you help us move these desks and chairs?
　　（私たちがこれらの机と椅子を移動させるのを手伝ってくれますか。）

くわしく　〈help A to＋動詞の原形〉

　helpは，help Aのあとに動詞の原形だけでなく，〈to＋動詞の原形〉がくることもあります。

・He helped me（to）do my homework.

（彼は私が宿題をするのを手伝ってくれました。）

チェック問題

次の＿＿に適する語を入れましょう。

(1) 佐藤先生は私たちに教室の掃除をさせました。

　　Mr. Sato ＿＿＿＿＿＿ us ＿＿＿＿＿＿ the classroom.

(2) 私に自己紹介をさせてください。

　　Please ＿＿＿＿＿＿ me ＿＿＿＿＿＿ myself.

(3) 彼女は私が昼食を料理するのをよく手伝ってくれました。

　　She often ＿＿＿＿＿＿ me ＿＿＿＿＿＿ lunch.

　　　　　　　　解答

(1) made, clean
　　▶〈make A＋動詞の原形〉。

(2) let, introduce
　　▶〈let A＋動詞の原形〉。

(3) helped, cook［make］
　　▶〈help A＋動詞の原形〉。

定期テスト予想問題 ④

 1 【リスニングテスト】

♪ 19

対話文を聞き，最後の質問の答えとして適するものを選び，記号を〇で囲みなさい。　【10点×2】

(1) A Yes. My father painted it last year.
　　 B Yes. My father tells me to play the piano well.
　　 C No, but my father bought me a camera.
　　 D No, but my father taught me how to paint.

(2) A Because she wants Yuta to go to the library with her.
　　 B Because she wants Yuta to teach her Japanese.
　　 C Because she wants to study with Yuta in the library.
　　 D Because she wants to play tennis with Yuta.

2 次の文の（　　）に適するものを下から選び，その記号を〇で囲みなさい。　【4点×5】

(1) （　　） important to help each other.
　　 ア I'm　　　　　 イ It's　　　　　 ウ We'll　　　　 エ You're

(2) We （　　） the first month of the year January in English.
　　 ア call　　　　 イ give　　　　　 ウ make　　　　 エ tell

(3) Your present will （　　） him happy.
　　 ア name　　　　 イ give　　　　　 ウ make　　　　 エ take

(4) This stone is （　　） heavy for me to move.
　　 ア enough　　　 イ so　　　　　　 ウ much　　　　 エ too

(5) I didn't know （　　） to play this video game.
　　 ア how　　　　　 イ what　　　　　 ウ who　　　　　 エ that

3 次の日本文に合うように，_____ に適する語を入れなさい。 【5点×4】

(1) 彼は私にコンピューターの使い方を教えてくれました。

He taught me _____ _____ use a computer.

(2) 私は彼に窓を開けないように頼みました。

I asked him _____ _____ open the window.

(3) 私たちはその知らせを聞いてうれしかった。

The news _____ _____ happy.

(4) 私はよく母が夕食をつくるのを手伝います。

I often _____ my mother _____ dinner.

4 次の日本文の意味を表す英文になるように，（　　）内の語句を並べかえなさい。 【6点×4】

(1) テレビでサッカーの試合を見るのはわくわくします。

(exciting / soccer / watch / to / a / it's / game)on TV.

_____ on TV.

(2) 私は何を言うかはまだ決めていません。

(yet / decided / I / to / say / haven't / what)

_____

(3) この歌はいつも私を悲しくさせます。

(always / song / me / makes / sad / this)

_____

(4) その写真を彼に見せてほしくありません。

I don't (him / you / the picture / show / want / to).

I don't _____ .

5 次の日本文を英語になおしなさい。 【8点×2】

(1) あなたの友人たちはあなたを何と呼びますか。

_____

(2) 英語で手紙を書くことは私にとって難しい。

_____

6章

名詞を後ろから修飾する語句

「机の上の本」など

名詞を修飾する〈前置詞＋語句〉と形容詞的用法の不定詞

〔 基本例文 〕

The book **on the desk** is mine.

（机の上の本は私のものです。）

♪01

ここで
学 習
すること

前置詞ではじまるまとまりが名詞を後ろから修飾します。

【日本語】 机の上の 本 は私のものです。
前から修飾

【英 語】 **The book on the desk is mine.**
〈前置詞＋語句〉が後ろから修飾

1 名詞を修飾する語句

　形容詞は，a new bookのように，ふつう名詞を前から修飾します。on the deskのような，前置詞ではじまるまとまりが名詞を修飾するときは，名詞を**後ろから修飾**します。

a book on the desk （机の上の本） ♪02
some balls in the box （箱の中のいくつかのボール）

2 文の中の位置

　前置詞ではじまるまとまりは名詞の位置によってかわるので，文の最後だけでなく，文の真ん中に入ることもあります。

Look at the picture on the wall. （壁の絵を見なさい。） ♪03
The picture on the wall is beautiful. （壁の絵は美しい。）

✔確認 **「修飾」とは**

　「修飾」とは，情報をプラスしてくわしく説明することです。
　また，名詞を修飾する語は形容詞と言います。

▌参考 **「句」と「節」**

　2語以上の単語がまとまって，名詞や副詞，形容詞などと同じ働きをするものを「句」と言います。形容詞と同じ働きをする句を「形容詞句」と言います。
　また，2語以上の単語のまとまりで，その中に〈主語＋動詞〉を含むものを「節」と言います。

3　前の名詞を修飾する不定詞

形容詞的用法の不定詞も、名詞を後ろから修飾します。

> **There are a lot of places to visit in this city.**　♪04
> （この街には訪れる場所がたくさんあります。）

somethingやanythingなどの代名詞を不定詞が修飾するときは、
〜thingのあとに不定詞を続けます。

> **I want something to drink.**　（私は何か飲み物がほしい。）　♪05
> **I have nothing to do.**　（私にはすることがありません。）

> **参考　〜thingを修飾する形容詞**
>
> 形容詞が、〜thingの代名詞を修飾するときは、後ろから修飾します。
> ・something cold
> 　（何か冷たいもの）
> ・anything interesting
> 　（何かおもしろいもの）

✓ チェック問題

日本文に合うように、（　　）内の語句を並べかえましょう。

(1)　私はおもしろい本を何冊か持っています。

　　I (interesting / have / books / some).

　　I ＿＿＿＿＿＿＿＿＿＿＿＿＿＿＿＿＿＿＿＿＿.

(2)　あなたは鳥についての本を何冊か持っていますか。

　　Do you (birds / have / books / any / about)?

　　Do you ＿＿＿＿＿＿＿＿＿＿＿＿＿＿＿＿＿？

(3)　長い髪の少女はメアリー（Mary）です。

　　(Mary / is / hair / with / the girl / long)

　　＿＿＿＿＿＿＿＿＿＿＿＿＿＿＿＿＿＿＿＿＿

(4)　私は何か温かい食べ物がほしいです。

　　I (hot / something / to / want) eat.

　　I ＿＿＿＿＿＿＿＿＿＿＿＿＿＿＿ eat.

解答

(1)　(I) have some
　　interesting books(.)

(2)　(Do you) have any
　　books about birds(?)

(3)　The girl with long
　　hair is Mary.

(4)　(I) want something
　　hot to (eat.)

145

2 　名詞を修飾するing形

名詞を修飾する〈現在分詞（ing形）＋語句〉

基本例文

The boy **talking with Ann** is Ken.

（アンと話している男の子は健です。）

♪06

ここで
学 習
すること

動詞のing形ではじまるまとまりが名詞を後ろから修飾します。

【日本語】　アンと話している 男の子 は健です。
　　　　　　　　　　└─────↑前から修飾

【英　語】　**The boy talking with Ann is Ken.**
　　　　　　　↑─────┘〈ing形＋語句〉が後ろから修飾

---

1 動詞のing形とは

　動詞の**ing形**は，動詞の変化形の１つで，be動詞のあとに続けて進行形をつくります。

　動詞のing形自体には「～している」という意味があります。

That cat is sleeping on the car. 　♪07
　　　　　　　　（あのねこは車の上で眠っています。）

2 ing形のつくり方

　動詞のingのつけ方は，おもに次の３通りです。

①そのままingをつける　　　　read（読む）　→reading
②eをとってingをつける　　　write（書く）　→writing
③語尾を重ねてingをつける　run（走る）　　→running

参考　動詞のing形

　進行形に使われる動詞のing形は「現在分詞」と言います。

　動詞のing形は，ほかに，動名詞やgo ～ingなどの文でも使われます。

・I enjoyed talking with Tom.
（私はトムと楽しく話しました。）

・She went shopping with Ann.
（彼女はアンと買い物に行きました。）

テストで注意　注意するing形

　語尾を重ねてing形をつくる語には注意が必要です。
swim（泳ぐ）→ swimming
sit（すわる）→ sitting
put（おく）→ putting
などがあります。

③ 「～している…」と名詞を修飾するとき

動詞のing形は，あとに続く語句とひとまとまりになって，「～している」という意味で後ろから名詞を修飾します。

> Look at the girl. （その女の子をごらんなさい。） ♪08
> Look at the girl playing the piano.
> （ピアノを弾いている女の子をごらんなさい。）

上の文であれば，playing the pianoのまとまりがthe girlを後ろから修飾しています。×*playing the piano* girlとはなりません。日本語と語順がちがうので注意しましょう。

> Do you know the boys? ♪09
> （あなたはその少年たちを知っていますか。）
> Do you know the boys running in the park?
> （あなたは公園を走っている少年たちを知っていますか。）
>
> Can you see the cat? （あなたはそのねこが見えますか。）
> Can you see the cat sleeping by the window?
> （あなたは窓のそばで眠っているねこが見えますか。）

④ ing形ではじまるまとまりの文中での位置

主語を修飾するとき，動詞のing形のまとまりは，文の真ん中に入ってきます。動詞のing形のまとまりのあとに，メインの文の動詞が続く形に慣れましょう。

W ライティング 名詞の前にくるing形

動詞のing形が単独で名詞を修飾するときは，名詞の前にくることもあります。

・Look at that sleeping cat.
（あの眠っているねこをごらんなさい。）

> 2語以上のまとまりは後ろから名詞を修飾するよ！

■参考 形容詞になったing形

動詞のing形で，形容詞になっている語があります。こうした語は形容詞なので，名詞を前から修飾します。

・an interesting book
（おもしろい本）
・an exciting game
（わくわくする試合）

6章 名詞を後ろから修飾する語句

147

The girl is Beth.　　　（その女の子はベスです。）　　♪ 10

The girl **standing by the door** is Beth.

（ドアのそばに立っている女の子はベスです。）

....

The man is my father.　　（その男の人は私の父です。）

The man **washing the car** is my father.

（車を洗っている男の人は私の父です。）

どこまでが主語なの
かを見きわめよう！

☑ チェック問題

1　次の動詞のing形を書きましょう。

(1)　read　　＿＿＿＿＿＿＿＿　(2)　use　　＿＿＿＿＿＿＿＿

(3)　swim　＿＿＿＿＿＿＿＿　(4)　speak　＿＿＿＿＿＿＿＿

(5)　study　＿＿＿＿＿＿＿＿　(6)　run　　＿＿＿＿＿＿＿＿

2　日本文に合うように，（　　）内の語句を並べかえましょう。

(1)　ベンチにすわっている男性はだれですか。

Who is (sitting / the man / on / the bench)?

Who is ＿＿＿＿＿＿＿＿＿＿＿＿＿＿＿＿＿＿＿＿？

(2)　あなたはこの歌を歌っている男性を知っていますか。

Do you (singing / know / the man / this song)?

Do you ＿＿＿＿＿＿＿＿＿＿＿＿＿＿＿＿＿＿＿＿？

(3)　向こうで雑誌を読んでいる女性が伊藤先生です。

(over there / is / a magazine / reading / the woman) Ms. Ito.

＿＿＿＿＿＿＿＿＿＿＿＿＿＿＿＿＿＿＿ Ms. Ito.

| 解　答 |

1 (1)　reading

(2)　using

(3)　swimming

(4)　speaking

(5)　studying

(6)　running

2 (1)　(Who is) the man sitting on the bench (?)

(2)　(Do you) know the man singing this song (?)

(3)　The woman reading a magazine over there is (Ms. Ito.)

3 名詞を修飾する過去分詞

名詞を修飾する〈過去分詞＋語句〉

基本例文

♪11

This is a book written by Soseki.

（これは漱石によって書かれた本です。）

ここで **学習** すること

動詞の**過去分詞**ではじまるまとまりが名詞を後ろから修飾します。

【日本語】 これは 漱石によって書かれた 本 です。
前から修飾

【英　語】 **This is a book written by Soseki.**
〈過去分詞＋語句〉が後ろから修飾

1 過去分詞とは

　過去分詞は，動詞の変化形の１つで，be動詞のあとに続けて受け身の文をつくります。受け身の文でよく使われる不規則動詞の過去分詞をチェックしておきましょう。

break（～をこわす）→ broken
find（～を見つける）→ found
send（～を送る）　→ sent
speak（〈～を〉話す）→ spoken
write（～を書く）　→ written

build（～を建てる）→ built
make（～を作る）　→ made
sing（〈歌を〉歌う）→ sung
take（～を取る）　→ taken

This book was written by Natsume Soseki. ♪12
（この本は夏目漱石によって書かれました。）

リンク
　過去分詞は「受け身」の文や「現在完了形」の文で使われます。
「受け身」→p.56
「現在完了形」→p.70

2 過去分詞ではじまるまとまり

過去分詞は，あとに続く語句とひとまとまりになって，「～された」という意味で後ろから名詞を修飾します。

He showed us a picture.　　　　　　　　　♪ 13
　　　（彼は私たちに写真を見せてくれました。）
He showed us a picture **taken** in Hawaii.
　　　（彼は私たちにハワイで撮られた写真を見せてくれました。）

上の文であれば，taken in Hawaiiのまとまりがa pictureを後ろから修飾しています。× a *taken in Hawaii* pictureとはなりません。日本語と語順がちがうので注意しましょう。

I have some books.　（私は本を何冊か持っています。）　♪ 14
I have some books **written** by her.
　　　　（私は彼女によって書かれた本を何冊か持っています。）

Have you read the e-mail?　（あなたはそのメールを読みましたか。）
Have you read the e-mail **sent** by Tom?
　　　　（あなたはトムが送ったメールを読みましたか。）

3 過去分詞ではじまるまとまりの位置

過去分詞のまとまりが主語を修飾するときは，文の真ん中に入ってきます。過去分詞のまとまりのあとに，メインの文の動詞がくる形に慣れましょう。

参考　**形容詞になった過去分詞**

過去分詞が形容詞になった語があります。こうした語は名詞を前から修飾します。

・spoken language
　（話しことば，口語）
・excited people
　（興奮した人々）
・a used car（中古車）
・broken glass
　（割れたガラス）

Cars are popular here.　（ここでは自動車が人気です。）　♪15

Cars made in Japan are popular here.

（日本製の自動車がここでは人気です。）

The language is Spanish.　（その言語はスペイン語です。）

The language spoken in this country is Spanish.

（この国で話されている言語はスペイン語です。）

> どこまでが主語なのかをよく考えて，文の意味をとらえよう！

✅ チェック問題

1　次の動詞の過去分詞を書きましょう。

(1) make ＿＿＿＿＿＿　(2) break ＿＿＿＿＿＿

(3) buy ＿＿＿＿＿＿　(4) speak ＿＿＿＿＿＿

(5) sell ＿＿＿＿＿＿　(6) send ＿＿＿＿＿＿

2　日本文に合うように，（　）内の語句を並べかえましょう。

(1) 彼によって書かれた本は人気があります。

The books (are / him / popular / by / written).

The books ＿＿＿＿＿＿＿＿＿＿＿＿＿＿＿＿＿.

(2) これは100年前に建てられた寺です。

This is (built / ago / a temple / 100 years).

This is ＿＿＿＿＿＿＿＿＿＿＿＿＿＿＿＿＿.

(3) あなたはここで昨年見つけられた石を見たことがありますか。

Have you ever (the stone / here / found / seen / last) year?

Have you ever ＿＿＿＿＿＿＿＿＿＿＿＿＿＿＿ year?

解　答

1 (1) made

(2) broken

(3) bought

(4) spoken

(5) sold

(6) sent

2 (1) (The books) written by him are popular(.)

(2) (This is) a temple built 100 years ago(.)

(3) (Have you ever) seen the stone found here last (year?)

中学生のための
勉強・学校生活アドバイス

単語の効率的な覚え方

「また英単語の小テストで5点（10点満点）を取ってしまった…。あー，暗記がどうしてもできない…。イーサンはどうやって日本語を覚えたの？」

「何度もひたすら単語帳をやったなぁ。」

「やっぱりそうですよね。それが苦行に感じてしまうんです…。」

「そうか…。でもここで忘れちゃいけないのが，**単語は文章の中でこそ覚えるべき**ということなんだ。単語だけをいきなり覚えようとしたら，印象に残らないし効率が悪いから苦行になってしまう。僕はマンガを読みながら日本語の言葉に出会って覚えていったよ。」

「なるほど。英語だったら教科書の文章で出てきた英単語がテストに出るわけだし，文章のなかで出会いますね！　他にも単語を覚えるコツがあるの？」

「**新しい単語を習ったら，実際に使ってみる**といいよ。**自分だったらこの単語をどう使うかな，と考えて英作文してみる**んだ。例えば，realizeという単語を習ったら，"I realized a secret message of this anime.（私はこのアニメの隠された意図に気づいた。）"という文を作ってみるとかね。」

「自分で使うことで，**自分の言葉になった感覚**がありますね！」

「単語帳の使い方にもコツがあるよ。ひとつひとつ確実に覚えながら前に進むんじゃなくて，**1回ですべてを覚えきれなくてもいいから同じ単語帳を何周もすること**！」

「ん？　1回で覚えられなくていいの？」

「そう。それよりも，**初めから終わりまでを繰り返しやることのほうが実は効率がいい**んだ。記憶が時間の経過によって薄まるのを防いでくれて，確実に定着させることになるからね。」

「それならいちいち"覚えられない"って思い悩むこともなくなるかもな！　苦行ってほどのことじゃなさそうだ。」

英単語を自分のモノにしよう。

7章

章

関係代名詞

関係代名詞とは

文が後ろから名詞を修飾しながら，2つの文をつなぐ語

基本例文

I know a girl **who** plays tennis well.

（私はテニスを上手にする女の子を知っています。）

♪01

ここで 学習 すること

関係代名詞が2つの文を自然な1文にします。

I know a girl. **The girl plays tennis well.**
（私は女の子を知っています。）　（その女の子はテニスを上手にします。）

→ **I know a girl who plays tennis well.**
　　〈先行詞〉　　　　関係代名詞が後ろから修飾

（私はテニスを上手にする
女の子を知っています。）

1　関係代名詞とは

　関係代名詞は，「どんな～かというと…」という文の形で，名詞を後ろから修飾しながら，2つの文をつなぐ役割をする語です。

I have an uncle.　The uncle lives in France.　♪02
　　　　　（私にはおじがいます。そのおじはフランスに住んでいます。）
I have an uncle who lives in France.
　　　　　（私にはフランスに住んでいるおじがいます。）

　上の例文は，「私にはおじがいる」と「そのおじはフランスに住んでいる」という2つの文を，関係代名詞whoを使って「私にはフランスに住んでいるおじがいる」という自然な1文にしたものです。

参考　「節」とは

　2語以上の単語のまとまりで，その中に〈主語＋動詞〉を含むものを「節」と言います。関係代名詞が導く節は，名詞を修飾し，形容詞と同じ働きをしているので「形容詞節」と呼びます。

2 先行詞とは

関係代名詞のすぐ前の名詞（関係代名詞が後ろから修飾している名詞）を**先行詞**と言います。

3 関係代名詞の種類

関係代名詞には, **who, which, that** などがあり, どの語を使うかは先行詞によって使い分けます。

先行詞が「**人**」のときは **who** を使います。先行詞が人以外の「**もの**」や「**動物**」のときは **which** を使います。**that** は先行詞が何であっても使えます。

先行詞	関係代名詞
人	who（thatを使うこともある）
もの, 動物	which, that

> I know a boy who likes cats a lot. ♪03
> （私はねこが大好きな男の子を知っています。）
> He lives in a house which was built last year.
> （彼は去年建てられた家に住んでいます。）

例えば左ページ下の例文の I have an uncle who lives 〜.の文なら, 先行詞はan uncle だよ。

発展 関係代名詞whose

先行詞に関係なく, 文の中での働きによって, whose という関係代名詞を使うこともあります。

このとき, whose は所有格の代名詞の働きをしています。

・I know a girl. <u>Her</u> father is a doctor.

（私は女の子を知っています。彼女の父親は医師です。）

この2つの文を1文にすると,

・I know a girl <u>whose</u> father is a doctor.

（私は父親が医師の女の子を知っています。）

2 関係代名詞who

主格の関係代名詞 who

> **基本例文**

I have a friend **who** speaks French.

（私にはフランス語を話す友達がいます。）

ここで学習すること

「人」について説明するときには関係代名詞 **who** を使います。

I have a friend. The friend speaks French.

（私には友達がいます。）（その友達はフランス語を話します。）

↓ whoを使って1文にできる

I have a friend who speaks French.

〈先行詞〉 ← a friend を修飾

（私にはフランス語を話す友達がいます。）

---

1 関係代名詞whoの文

関係代名詞 **who** は、「人」について、先行詞（関係代名詞が説明する名詞）に続いて、「どんな人かというと…」と説明を加えるときに使います。

I know a girl.　（私は女の子を知っています。）　♪05
I know a girl who plays the piano very well.

（私はピアノをとても上手に弾く女の子を知っています。）

先行詞が主語の場合、関係代名詞のまとまりは文の真ん中にきます。すぐあとにメインの文の動詞が続く形に慣れましょう。

The man is a police officer.　（その男性は警察官です。）　♪06
The man who lives next door is a police officer.

（となりに住んでいる男性は警察官です。）

> **発展** 「主格」のwho
>
> who は、who ではじまる文の中で主語の働きをしているので、このwhoを「主格」の関係代名詞と呼びます。

> **テストで注意** 先行詞の人称に注意
>
> who のあとに続く文が現在で、先行詞が3人称単数のときには、動詞は3単現の形になることに注意しましょう。

156

2 あとに動詞がくる

　関係代名詞のwhoは，whoではじまる文の中では主語の働きをしているので，あとには動詞が続きます。動詞の形は先行詞の人称・数と文の意味によって決まります。

　あとに続く動詞は，過去形になることもあります。

> This is the man.　　　　（この人がその男の人です。）　♪07
> This is the man who came to see you yesterday.
> 　　　　　　　（この人が昨日あなたに会いに来た男の人です。）

　また，あとに未来の表現が続くこともあります。

> He is the student.　　　　（彼がその生徒です。）　♪08
> He is the student who is going to visit Canada.
> 　　　　　　　　　（彼がカナダを訪れる予定の生徒です。）

■ **参考**

　先行詞が「人」のとき，関係代名詞はwhoのかわりにthatが使われることもあります。

・This is the man that came to see you yesterday.
　（この人が昨日あなたに会いに来た男の人です。）

> 関係代名詞は「ここから先は前の名詞についての説明ですよ」という合図になることばだよ。

7章／関係代名詞

☑ チェック問題

日本文に合うように，（　　）内の語句を並べかえましょう。

(1)　こちらがあなたと話したがっている少年です。

　This is (who / to / wants / the boy / talk) with you.
　This is ＿＿＿＿＿＿＿＿＿＿＿＿＿＿＿ with you.

(2)　だれかフランス語が話せる人を知っていますか。

　Do you know (who / anyone / speak / French / can)?
　Do you know ＿＿＿＿＿＿＿＿＿＿＿＿＿＿＿？

(3)　私はこれらの絵をかいた人に会ったことがあります。

　I've met (these pictures / the person / painted / who).
　I've met ＿＿＿＿＿＿＿＿＿＿＿＿＿＿＿．

　　　　　解　答

(1)　(This is) the boy
　　who wants to talk
　　(with you.)

(2)　(Do you know)
　　anyone who can
　　speak French(?)

(3)　(I've met) the person
　　who painted these
　　pictures(.)

157

3 関係代名詞which・that（1）

主格の関係代名詞which・that

基本例文

♪09

This is the bus **which** goes to the airport.
（これが空港へ行くバスです。）

ここで
学習
すること

「もの」について説明するときには **which** か **that** を使います。

This is <u>the bus</u>.　<u>The bus</u> **goes to the airport.**
（これはバスです。）　　（そのバスは空港へ行きます。）

⬇ which を使って1文にできる

This is the bus which goes to the airport.
〈先行詞〉⬆┗┛the bus を修飾

（これが空港へ行くバスです。）

---

1 関係代名詞 which・that の文

関係代名詞 **which** は，「もの」について，「どんなものかというと…」のように，後ろから説明を加えるときに使います。

This is the train.　　　　　（これがその電車です。）　♪10
This is the train which goes to Tokyo Station.
　　　　　　　（これが東京駅へ行く電車です。）

先行詞が主語の場合，関係代名詞のまとまりが文の真ん中にきます。すぐあとにメインの文の動詞が続く形に慣れましょう。

The book was interesting.（その本はおもしろかった。）　♪11
The book which made her famous was interesting.
　　　　　　（彼女を有名にした本はおもしろかった。）

発展 主格の関係代名詞

which や that は，which [that] ではじまる文の中で主語の働きをしているので，このwhich [that] を「主格」の関係代名詞と呼びます。

whichのかわりに **that** を使うこともできます。

> This is the book. （これがその本です。） ♪12
> This is the book that is popular among young girls.
> （これが若い女の子たちの間で人気の本です。）

2 あとに動詞がくる

　関係代名詞のwhichやthatは，which[that]ではじまる文の中では主語の働きをしているので，あとには動詞が続きます。動詞の形は先行詞の人称・数と文の意味によって決まります。

> Where is the dictionary? （その辞書はどこですか。） ♪13
> Where is the dictionary which was on my desk?
> （私の机の上にあった辞書はどこですか。）

参考 関係代名詞that

　関係代名詞thatは，先行詞が「人」のときにも使われることがあります。

左の関係代名詞の文 のwhichもthatにかえて言うことができるよ。

7章／関係代名詞

✔チェック問題

1　次の英文の＿＿に，whoかwhichを入れましょう。
(1)　I have a friend ＿＿＿＿＿ speaks English well.
(2)　I have a bird ＿＿＿＿＿ sings well.

2　日本文に合うように，（　）内の語句を並べかえましょう。
(1)　これはいつも私を幸せにしてくれる歌です。
　　This is (which / me / a song / makes / happy / always).
　　This is ＿＿＿＿＿＿＿＿＿＿＿＿＿＿＿＿＿＿＿.
(2)　彼女はハッピーエンドの物語が好きです。
　　She likes (that / endings / stories / have / happy).
　　She likes ＿＿＿＿＿＿＿＿＿＿＿＿＿＿＿＿＿.

解　答

1(1)　who
　　▶先行詞はa friend（友達）で「人」。

(2)　which
　　▶先行詞はa bird（鳥）で「もの」。

2(1)　(This is) a song which always makes me happy(.)

(2)　(She likes) stories that have happy endings(.)

4 関係代名詞which・that（2）

目的格の関係代名詞which・that

♪ 14

> ## 基本例文

This is the book **which** I bought yesterday.

（これが私が昨日買った本です。）

ここで学習すること

関係代名詞 **which, that** のあとに〈主語＋動詞 ～〉が続く形を学習します。

This is the book. **I bought the book yesterday.**

（これは本です。） （私は昨日その本を買いました。）

↓ which を使って1文にできる

This is the book which I bought yesterday.

〈先行詞〉 └─ the book を修飾

（これが私が昨日買った本です。）

1 which の働き

関係代名詞 **which** は，あとに〈主語＋動詞 ～〉をともなって，「もの」について後ろから説明します。

The computer is made in Japan. ♪ 15

（そのコンピューターは日本製です。）

The computer which he is using is made in Japan.

（彼が使っているコンピューターは日本製です。）

また，関係代名詞 which のかわりに **that** を使うことができます。

He sang a song. （彼は歌を歌いました。） ♪ 16

He sang a song that I like very much.

（彼は私が大好きな歌を歌いました。）

発展 目的格の関係代名詞

この関係代名詞の which は，which で始まる文の中で目的語の働きをしているので，この which を「目的格」の関係代名詞と呼びます。

> 動詞が続く関係代名詞と〈主語＋動詞 ～〉が続く関係代名詞のちがいに注意！

2 関係代名詞が省略できる場合

あとに〈主語＋動詞 〜〉をともなう関係代名詞which・thatは省略できます。

> Is this the key that you lost yesterday? ♪17
> Is this the key you lost yesterday?
> （これはあなたが昨日なくしたかぎですか。）

例えば，上の例文のthatには，you lost（主語＋動詞）〜が続いています。このような場合thatを省略して，the key you lost 〜 とすることができるのです。

テストで注意 **省略できない関係代名詞！**

すぐあとに動詞がきている関係代名詞は省略することはできません。
「フランス語を話せる友達」
○a friend who can speak French
×a friend can speak French

7章／関係代名詞

☑チェック問題

1 次の英文から，関係代名詞が省略できる文を選びましょう。

ア This is the book which she was reading yesterday.

イ She talked to the man who was sitting next to her.

ウ Has he got the letter which I sent him two days ago?

2 日本文に合うように，（　　）内の語句を並べかえましょう。

(1) これは私が先週見た映画です。

This is (that / I / last / saw / the movie / week).

This is ＿＿＿＿＿＿＿＿＿＿＿＿＿＿＿＿＿＿.

(2) 私が昨日読んだ本を彼は読んでいます。

He (which / read / reading / I / the book / is / yesterday).

He ＿＿＿＿＿＿＿＿＿＿＿＿＿＿＿＿＿＿.

解答

1 ア，ウ
> ▶あとに〈動詞 〜〉が続いている関係代名詞（主格の関係代名詞）は省略できない。あとに〈主語＋動詞 〜〉が続いている関係代名詞（目的格の関係代名詞）は省略できる。

2(1) (This is) the movie that I saw last week(.)

(2) (He) is reading the book which I read yesterday(.)

161

5 「私が昨日買った本」など

〈主語＋動詞 〜〉のひとまとまりが，前の名詞を修飾する形

♪ 18

基本例文

This is the book I bought yesterday.

（これが私が昨日買った本です。）

〈主語＋動詞 〜〉のまとまりが名詞を後ろから修飾します。

【日本語】　これが私が昨日買った 本です。

【英　語】　**This is the book I bought yesterday.**

〈主語＋動詞 〜〉が名詞を後ろから修飾

〈主語＋動詞 〜〉のひとまとまりが，名詞を後ろから修飾します。
この形は，目的格の関係代名詞を省略した形と同じになります。

This is a bag my mother bought in France.　♪ 19

（これは母がフランスで買ったバッグです。）

You can take anything you like. （あなたが好きなものは
何でも取っていいです。）

■ 参考　**目的格の関係代名詞**

→p.160

✓ チェック問題

日本文に合うように，（　）内の語句を並べかえましょう。

(1) これは私が教室で見つけたペンです。

This is (I / in / found / the classroom / a pen).

This is _____.

(2) これらは私たちが沖縄で撮った写真です。

These (we / in Okinawa / pictures / are / took).

These _____.

解答

(1) (This is) a pen I found in the classroom(.)

(2) (These) are pictures we took in Okinawa(.)

6 関係代名詞の注意点

関係代名詞の使い分けや省略についての注意点

ここで **学習** すること

省略しても意味がかわらない関係代名詞もあります。

These are pictures which **I took last month.**

= These are pictures I took last month.

（これらは私が先月撮った写真です。）

1 who・which・that の使い分け

関係代名詞は，**who，which，that** の3種類を学習しました。この3つの関係代名詞は，先行詞（修飾する名詞）によって使い分けます。

先行詞	関係代名詞
人	who（that を使うこともある）
もの	which または that

2 関係代名詞の省略

関係代名詞には，省略できるものと省略できないものがあります。関係代名詞のすぐあとに〈主語＋動詞〉が続くときは省略できます。

・関係代名詞が省略できる場合
This is the book which I bought yesterday.
This is the book I bought yesterday.
　　　　　　〈主語＋動詞〉　　（これが私が昨日買った本です。）

This is the boy that I met at the library.
This is the boy I met at the library.
　　　　　〈主語＋動詞〉（こちらが私が図書館で会った少年です。）

くわしく 関係代名詞 that が好まれる場合

①先行詞が〜thing や all のとき。
・Everything that he said came true.
（彼の言ったことがすべてほんとうになった。）

②先行詞に，序数（the first など）や形容詞の最上級などがついているとき。
・This is the best book that I've ever read.
（これは今まで私が読んだ中で最もよい本です。）

参考 先行詞がペットのとき

先行詞がペットなどの動物のときは，「人」としてあつかって，who を使うことがあります。

S スピーキング 省略するとき

話しことばでは，関係代名詞が省略できるときは，ふつうは省略した形で話されます。

関係代名詞のすぐあとに〈動詞（または助動詞）〉が続いていると
きは省略できません。

・関係代名詞が省略できない場合
This is a company which makes computers.
〈動詞〉
（これはコンピューターを作る会社です。）

This is a boy who can speak French.
〈助動詞＋動詞〉
（こちらはフランス語を話せる少年です。）

高校入試では並べ
かえの問題でよく
出題されるよ。

✓ チェック問題

1 次の英文から，関係代名詞が省略できる文を選びましょう。

ア I remember the words which she said to us.

イ Do you know the students who are going to study in
Canada?

ウ Do you have the book that I gave you yesterday?

エ The letter which was on the table was written in
English.

2 日本文に合うように，（　　）内の語句を並べかえましょう。

(1) あなたは佐藤さんに話しかけた女性を知っていますか。

Do you know (who / Mr. Sato / talked / the woman /
to)?

Do you know ＿＿＿＿＿＿＿＿＿＿＿＿＿＿＿＿＿＿？

(2) これらは私の姉が作ったクッキーです。

These (my sister / cookies / made / are).

These ＿＿＿＿＿＿＿＿＿＿＿＿＿＿＿＿＿＿．

解　答

1 ア，ウ
▶あとに〈動詞 〜〉が続い
ている関係代名詞（主格の
関係代名詞）は省略できな
い。
あとに〈主語＋動詞 〜〉
が続いている関係代名詞
（目的格の関係代名詞）は
省略できる。

2 (1) (Do you know) the
woman who talked
to Mr. Sato(?)

(2) (These) are
cookies my sister
made(.)

定期テスト予想問題 ⑤

1 【リスニングテスト】　♪ 20

(1) 英文や対話文を聞き, 最後の質問の答えとして適するものを選び, 記号を○で囲みなさい。【10点×2】

A　　　　　　　　B　　　　　　　　C　　　　　　　　D

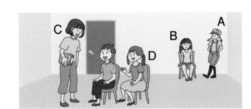

(2)

2 次の文の(　　)に適するものを下から選び, その記号を○で囲みなさい。　【4点×5】

(1) Look at that girl (　　) under that tree.
ア　sings　　　　イ　sang　　　　ウ　sung　　　　エ　singing

(2) This is a temple (　　) about 500 years ago.
ア　build　　　　イ　builds　　　　ウ　built　　　　エ　building

(3) I know a girl (　　) speaks three languages.
ア　who　　　　イ　which　　　　ウ　she　　　　エ　whose

(4) He took us to a restaurant (　　) is popular among young people.
ア　who　　　　イ　which　　　　ウ　it　　　　エ　whose

(5) Do you remember the park (　　) visited last month?
ア　has　　　　イ　we　　　　ウ　which　　　　エ　who

3 次の日本文に合うように，＿＿＿＿＿に適する語を入れなさい。 【5点×4】

(1) 私が昨日会った男の子の名前はマークでした。
The name of the boy ＿＿＿＿＿＿＿＿＿ ＿＿＿＿＿＿＿＿＿ yesterday was Mark.

(2) 昨日ここに来た女の子の名前は何でしたか。
What was the name of the girl ＿＿＿＿＿＿＿＿＿ ＿＿＿＿＿＿＿＿＿ here yesterday?

(3) 父は日本製の青い車を買いました。
My father bought a blue car ＿＿＿＿＿＿＿＿＿ ＿＿＿＿＿＿＿＿＿ Japan.

(4) あそこで泳いでいる男の子が明です。
The boy ＿＿＿＿＿＿＿＿＿ over there ＿＿＿＿＿＿＿＿＿ Akira.

4 次の日本文の意味を表す英文になるように，（　　）内の語句を並べかえなさい。 【6点×4】

(1) メアリー(Mary)とトムの間に立っている男の子はだれですか。
(and / is / the boy / Mary / between / who / standing) Tom?
＿＿＿＿＿＿＿＿＿＿＿＿＿＿＿＿＿＿＿＿＿＿＿＿＿＿＿ Tom?

(2) あっちゃんと呼ばれている女の子があなたに会いに来ました。
(Atchan / a girl / you / called / came / see / to)
＿＿＿＿＿＿＿＿＿＿＿＿＿＿＿＿＿＿＿＿＿＿＿＿＿＿＿

(3) 彼女は祖母の世話をしてくれる看護師さんです。
(the nurse / my grandmother / of / she / care / is / takes / who)
＿＿＿＿＿＿＿＿＿＿＿＿＿＿＿＿＿＿＿＿＿＿＿＿＿＿＿

(4) 私たちが地球のためにできることが何かありますか。
(there / we / for / is / do / anything / can) the earth?
＿＿＿＿＿＿＿＿＿＿＿＿＿＿＿＿＿＿＿＿＿＿＿＿ the earth?

5 次の日本文を英語になおしなさい。 【8点×2】

(1) これらは去年，北海道で撮られた写真です。
＿＿＿＿＿＿＿＿＿＿＿＿＿＿＿＿＿＿＿＿＿＿＿＿＿＿＿

(2) これは母が私に買ってくれたバッグです。
＿＿＿＿＿＿＿＿＿＿＿＿＿＿＿＿＿＿＿＿＿＿＿＿＿＿＿

名詞に情報をプラスして いろいろと説明しよう！

先に名詞を言ってから，どんどん情報をプラスしていける関係代名詞。人やものを説明するのに便利です。

1 人やものについて説明しよう ♪21

Edison is the person … に関係代名詞 who を続けて情報をプラスできます。

トマス・エジソンってだれ？
エジソンは電球を発明した人だよ。

「ソーラーパワー」って何？
ソーラーパワーっていうのは，日光から得るエネルギーのことだよ。

7章／関係代名詞

② だれだっけ… ♪23

What's the name of the boy who runs really fast?

It's Ken.

What's the name of the boy … に関係代名詞whoを続けてthe boyを説明できます。

あの足のすごく速い男の子の名前って何だっけ？
健だよ。

③ こんな人いますか？ ♪24

Is there anybody … に関係代名詞whoを続けてどんな人をさがしているのかを説明できます。

Is there anybody who speaks Japanese?

Yes, I do.

日本語を話せる方はいらっしゃいますか？
はい，私が話します。

④ 何て言うんだっけ？ ♪25

How do you say it in English …?
It's a book (that) you use to look up the meaning of words.

Oh, the word is "dictionary".

It's a book … に関係代名詞thatを使ってどんな本なのかという情報をプラスできます。
ここでのthatは，あとに〈主語＋動詞～〉が来るため省略可能です。

これって英語で何て言うのかな…？　ことばの意味を調べるために使う本なんだけど。
ああ，その単語は，dictionary（辞書）だよ。

8章

章

文の中の疑問文

1 文の中の疑問文

間接疑問文（be動詞）

基本例文

♪01

I don't know **what this is.**

（私はこれが何かわかりません。）

ここで **学習** すること

疑問詞ではじまる疑問文が別の文に入るとき，語順がかわります。

What is this? （これは何ですか。）

↓ 〈be動詞＋主語〉の語順

I don't know what <u>this</u> <u>is</u>. （私はこれが何かわかりません。）

〈主語＋be動詞〉の語順にかわる

1 be動詞の文の場合

　Whatなどの疑問詞ではじまる疑問文は，I knowなどの<u>別の文に入ると語順がかわります</u>。

　例えばWhat is this? が別の文に入ると，whatのあとが this is という **〈主語＋be動詞〉** の語順になります。

　×I don't know what *is this*.とは言いません。疑問詞のあとの語順に注意しましょう。

Who is that boy? （あの少年はだれですか。） ♪02
We don't know who that boy is.
（私たちはあの少年がだれか知りません。）

Where is the bathroom? （お手洗いはどこですか。）
Please tell me where the bathroom is.
（お手洗いがどこか私に教えてください。）

くわしく 間接疑問文

　I know what this is.のような，疑問文がほかの文に入りこむ形を間接疑問文と言います。

　what this is はknowの目的語になっていて，名詞と同じ働きをしているので「名詞節」です。

　knowの目的語のほかにtell meなどのあとの目的語になることもあります。

疑問詞のあとの語順がかわるところがポイントだよ。

170

2　文の終わりの符号

　疑問詞ではじまる文が組みこまれる別の文が肯定文，否定文のときは，文の終わりはピリオド(.)になりますが，別の文が疑問文のとき，文の終わりはクエスチョンマーク(?)になります。

> I don't know why she is angry.　♪03
> 　　　　　　（私は彼女がなぜ怒っているのか知りません。）
>
> Do you know why she is angry?
> 　　　　　　（あなたは彼女がなぜ怒っているのか知っていますか。）

3　疑問詞が主語のとき

　Who is in 〜?のような文は疑問詞が主語になっています。疑問詞が主語の疑問文は，別の文に入っても語順はかわりません。

> Who is in the kitchen?　♪04
> 　　　　　　（台所にいるのはだれですか。）
> Do you know who is in the kitchen?
> 　　　　　　（あなたは台所にいるのがだれか知っていますか。）

発展　時制の一致

　I know などのメインとなる文が過去形のとき，間接疑問の動詞も過去形になります。
・I know what this is.
　（私はこれが何か知っています。）
・I knew what this was.
　（私はこれが何か知っていました。）

8章　文の中の疑問文

✓ チェック問題

日本文に合うように，(　　)内の語句を並べかえましょう。

(1)　あなたはあの男性がだれか知っていますか。

Do you (that / who / know / is / man)?

Do you ＿＿＿＿＿＿＿＿＿＿＿＿＿＿＿＿＿＿＿＿?

(2)　トムの誕生日がいつか私に教えてください。

Please (birthday / is / me / tell / Tom's / when).

Please ＿＿＿＿＿＿＿＿＿＿＿＿＿＿＿＿＿＿＿＿.

(3)　箱の中に何があるのか私は知りたい。

I want to (in / is / know / the box /what).

I want to ＿＿＿＿＿＿＿＿＿＿＿＿＿＿＿＿＿＿＿.

解　答

(1)　(Do you) know who that man is(?)

(2)　(Please) tell me when Tom's birthday is(.)

(3)　(I want to) know what is in the box(.)

間接疑問文（一般動詞，助動詞）

♪ 05

基本例文

Do you know **where he lives**?

（あなたは彼がどこに住んでいるか知っていますか。）

ここで
学習
すること

疑問詞ではじまる一般動詞の疑問文も別の文に入ると語順がかわります。

Where <u>does</u> he live?　　（彼はどこに住んでいるのですか。）

↓ 疑問文の語順

Do you know where <u>he</u> <u>lives</u>?
〈主語＋動詞〉の肯定文の語順にかわる

（あなたは彼がどこに住んで
いるのか知っていますか。）

1　一般動詞の文の場合

　疑問詞ではじまる一般動詞の疑問文が，I know などの別の文に入ると，疑問詞のあとの語順がかわります。

　例えば Where does he live? が別の文に入ると，where のあとが he lives という〈**主語＋動詞**〉の語順になります。

　×Do you know where *does* he *live*? とは言いません。疑問詞のあとの語順と動詞の形に注意しましょう。

Where do you want to go?　（あなたはどこへ
行きたいですか。）　♪ 06
I know where you want to go.
（私はあなたがどこへ行きたいか知っています。）

- -

What color does she like?　（彼女は何色が好きですか。）
Do you remember what color she likes?
（あなたは彼女が何色が好きか覚えていますか。）

W ライティング　**動詞の形に注意!**

　間接疑問文の疑問詞のあとの動詞の形は，主語と時制に合わせて，3単現や過去の形にかえることを忘れないように。

疑問詞のあとの語
順はふつうの肯定
文と同じだよ。

過去の疑問文では動詞は原形を使いますが，別の文に入るとふつうの過去の文と同じように動詞は過去形になります。

主語と時制に合わせて疑問詞のあとの動詞の形がかわることに注意しましょう。

> How did she go out of the room? ♪07
> 〈彼女はいつ部屋を出て行きましたか。〉
>
> I don't know when she went out of the room.
> 〈私は彼女がいつ部屋を出て行ったのか知りません。〉

When did she go out of the room? ♪07
（彼女はいつ部屋を出て行きましたか。）

I don't know when she went out of the room.
（私は彼女がいつ部屋を出て行ったのか知りません。）

2 助動詞の文の場合

疑問詞ではじまる助動詞の疑問文の場合も，同じように別の文に入ると語順がかわります。

疑問詞のあとが，〈**主語＋助動詞**〉の肯定文の語順にかわります。

How can I get to the station?
（駅へはどのように行けばよいでしょうか。）

Could you tell me how I can get to the station?
（駅へはどのように行けばよいのか教えていただけませんか。）

3 疑問詞が主語のとき

Who lives in ～?という文ではwhoのあとにすぐ動詞が続いています。このような文では疑問詞whoが文の主語になっています。

疑問詞が主語の疑問文は別の文の中に入っても語順はかわりません。

Who lives in this house? （だれがこの家に住んでいますか。） ♪09
I don't know who lives in this house.
（私はだれがこの家に住んでいるのか知りません。）

くわしく ▶ 時制の一致

I know などのメインとなる文が過去形のとき，間接疑問の（助）動詞も過去形になります。

・I don't know when she will visit Kyoto.
（私は彼女がいつ京都を訪れるつもりか知りません。）

・I didn't know when she would visit Kyoto.
（私は彼女がいつ京都を訪れるつもりか知りませんでした。）

S スピーキング ていねいな依頼

Could you ～?は依頼の表現Can you ～?のていねいな言い方です。

8章／文の中の疑問文

4 いろいろな間接疑問文

いろいろな疑問詞が間接疑問文に使われます。How much ～？や How long ～？などの文が別の文に入ることもよくあります。

このような文の場合もほかの疑問詞ではじまる文と同様に，how much や how long のあとの語順が**〈主語＋動詞〉**になります。

> How much is this watch?　（この時計はいくらですか。）　♪10
> I want to know how much this watch is.
> 　　　　　　　　（私はこの時計がいくらか知りたい。）
>
> How long is she going to stay here?
> 　　　　　　　　（彼女はここにどのくらい滞在するつもりですか。）
> Do you know how long she is going to stay here?
> 　　　（あなたは彼女がここにどのくらい滞在するつもりか知っていますか。）

✓チェック問題

日本文に合うように，（　　）内の語を並べかえましょう。

(1) 私はだれがこのケーキを作ったのか知りません。

I don't (this / know / made / who / cake).

I don't ＿＿＿＿＿＿＿＿＿＿＿＿＿＿＿＿＿＿＿ .

(2) あなたに兄弟が何人いるか教えてください。

Please tell me (brothers / you / many / have / how).

Please tell me ＿＿＿＿＿＿＿＿＿＿＿＿＿＿＿＿ .

(3) 私はナンシーがいつ京都を訪れるか知りません。

I don't know (Nancy / will / when / visit / Kyoto).

I don't know ＿＿＿＿＿＿＿＿＿＿＿＿＿＿＿＿ .

解答

(1) (I don't) know who made this cake(.)

(2) (Please tell me) how many brothers you have(.)

(3) (I don't know) when Nancy will visit Kyoto(.)

9章

仮定法とその他の学習事項

仮定法

⌣
〈If＋主語＋動詞の過去形〉

基本例文

♪01

If I were you, I would help them.

（もし私があなたなら，彼らを手伝うでしょう。）

ここで
学習
すること

現実にはありえないことを仮定するときは，〈If＋主語＋動詞の過去形 〜，主語＋
would［could］＋動詞の原形 ….〉という形を使います。

If I were you, I would help them. （もし私があなたなら，彼らを手伝うでしょう。）
　動詞の過去形　　　 would＋動詞の原形

1 仮定法とは

　仮定法とは，実際にはありえないことを仮定して，「もし〜だった
ら，…だろう」と言うときの表現方法です。

　「もし明日雨が降れば，私は家にいます」と言うときは，ifを使っ
て，**If it rains** tomorrow, I **will** stay home.と言います。
　この「もし明日雨が降れば」は，**現実に起こりえること**です。した
がって，このifの文は仮定法の文ではなく，ふつうに条件を表した文
です。

　一方，「もし私があなただったら」という仮定は，**現実にはありえ
ないこと**です。このように現実にはありえないことや実現する可能性
がきわめて低いことを仮定して「もし〜だったら」と言うときに使う
のが**仮定法**です。仮定法では，現実に反することを仮定していること
を表すために，動詞を過去形にしています。

参考 **直説法**

　事実とは異なることを仮定して述
べる形を仮定法と言うのに対して，
話し手が事実としてそのまま述べる
形を直説法と言います。

if ～の文が，ふつうの条件を表す文か，それとも仮定法の文かを見分けるポイントは，ifのあとの動詞が現在形か，それとも過去形かどうかということです。

2 仮定法の文

「もし～だったら，…だろう」のように，**現在の事実に反することやありえないことを仮定する**文では，動詞は現在形ではなく，過去形を使います。動詞に過去形を使っているので，この文を**仮定法過去**と言います。仮定法過去の文は，次のような形で表します。

If	主語	過去形 ～,	主語	would could might	動詞の原形 ….

動詞に過去形を使っていますが，過去の内容を表しているのではありません。**現在の事実に反すること**を仮定しています。

> If I were a bird, I would fly to you.　♪02
> 　　　（もし私が鳥なら，あなたのところに飛んでいくのになあ。）
> If I had enough money, I could buy a new bike.
> 　　　（もし私が十分なお金を持っていれば，新しい自転車を買えるのだ。）
> If I were you, I would clean this room.
> 　　　（もし私があなたなら，この部屋をそうじするだろう。）

仮定法の文では，上の文のように，主語に関係なくbe動詞は基本的にwereを使います。

参考　仮定法過去

現在の事実に反することを仮定する仮定法は，Ifのあとの動詞が過去形になることから「仮定法過去」とも呼ばれます。

♪くわしく▶ **was**

仮定法の文では，be動詞はwereを使うのが原則ですが，口語表現として，主語がIや3人称単数のときはwasを使うこともあります。

3 I wish 〜. の文

〈I wish＋主語＋過去形 〜.〉も仮定法で，現在実現できていない願望を表し，「〜であればいいのになあ」という意味を表します。

♪03

I wish I were rich.　　　　（私が金持ちだったらいいのになあ。）
I wish I were a little taller.（私の背がもう少し高ければいいのになあ。）

くわしく ― I hope とのちがい

I wish は実現が不可能だと思うことを願望する表現です。実現可能だと思っている願望には，I hope を使って表します。

・I hope (that) I can see you again.
（また会えるといいですね。）

この文で I wish を使って，

・I wish I could see you again.

とすると，また会える可能性がきわめて低いことを表します。

チェック問題

次の＿＿に適する語を入れましょう。

(1) もし私があなただったら，そのクラブに入るのになあ。

If I ＿＿＿＿＿ you, I ＿＿＿＿＿ join the club.

(2) もし私がコンピューターの使い方を知っていれば，その仕事をもっと速くできるのになあ。

If I ＿＿＿＿＿ how to use a computer, I ＿＿＿＿＿ do the work faster.

(3) 空を飛べたらいいのになあ。

I ＿＿＿＿＿ I ＿＿＿＿＿ fly.

解 答

(1) were, would
▶〈If ＋主語＋過去形 〜，主語＋ would［could］＋動詞の原形 ….〉の形。

(2) knew, could

(3) wish, could
▶fly で「空を飛ぶ」

178

2　付加疑問

相手に確認したり，同意を求めたりするときの表現

基本例文　♪04

Mark is a nice boy, isn't he?

（マークはすてきな男の子ですね。）

ここで学習すること

「〜ですね？」と言いたいときは〈否定の短縮形＋代名詞？〉を加えます。

Mark is a nice boy.　　　　　（マークはすてきな男の子です。）
└─Mark は代名詞 he にかえる……〈否定の短縮形＋代名詞〉に

Mark is a nice boy, isn't he?　（マークはすてきな男の子ですね。）

1　be動詞の文の場合

「〜ですね？」と言うときは，ふつうの文のあとにisn'tのような〈be動詞 + not〉の短縮形と，itやyouなどの主語（代名詞）をつけ加えます。前の文が現在の文なら，主語に合わせて**isn't**か**aren't**を使います。

It's a nice day, isn't it?　　　（いい天気ですね。）　♪05
You're from Canada, aren't you?（あなたはカナダ出身ですよね。）

前の文が過去の文なら**wasn't**，**weren't**を使います。

The festival was fun, wasn't it?　（お祭りは楽しかったですね。）　♪06

 くわしく　付加疑問とは

It's a nice day, isn't it?（いい天気ですね。）などのように，ふつうの文のあとに2語の疑問形をつけ加えて「〜ですね？」と相手に確認したり，同意を求める文を付加疑問文と言います。

W／ライティング　進行形や受け身の文

進行形や受け身の文は，be動詞の文と考えます。

・Ken is studying, isn't he?
（ケンは勉強しているのですよね。）
・English is used here, isn't it?
（ここでは英語が使われているのですよね。）

2 一般動詞の文の場合

ふつうの文のあとに，**don't**，**doesn't**などの否定の短縮形と，主語（代名詞）をつけ加えます。

> You want a new computer, don't you? ♪07
> （あなたは新しいコンピューターがほしいのですね。）
>
> He plays tennis very well, doesn't he?
> （彼はテニスがとても上手ですよね。）

過去の文の場合は**didn't**と主語（代名詞）をつけ加えます。

> Ann went to the library yesterday, didn't she? ♪08
> （アンは昨日図書館へ行きましたよね。）

3 前の文が否定文のとき

前の文が否定文のときは，is heやdo youのような〈肯定の(助)動詞＋主語(代名詞)〉をつけ加えます。形がかわるので注意しましょう。

> It isn't raining now, is it? （今，雨は降っていませんよね。） ♪09
> You don't play baseball, do you?
> （あなたは野球をしませんよね。）

🎤 スピーキング 文の最後の言い方

確認したり，同意を求めたりするときには，文の最後を下げ調子に言います。

相手にYes, Noの答えを期待するときには，文の最後は上げ調子に言います。

> Annのような名前や名詞は，付加疑問では代名詞にかえることに注意！

🚩 発展 命令文の付加疑問

命令文の付加疑問は，〈～, will you?〉をつけ加えます。

・Open the door, will you?
（ドアを開けてくれるよね。）

また，Let's ～.の文は，〈～, shall we?〉をつけ加えます。

・Let's have lunch, shall we?
（昼食にしましょうか。）

✓チェック問題

次の日本文に合う英文になるように，＿＿に適する語句を入れて，付加疑問の文を完成させましょう。

(1) 今日は太郎の誕生日ですね。
Today is Taro's birthday, ＿＿＿＿＿＿＿＿＿？

(2) ブラウン先生はこの近くに住んでいるんですよね。
Ms. Brown lives near here, ＿＿＿＿＿＿＿＿＿？

(3) 子どもたちはうれしそうでしたね。
The children looked happy, ＿＿＿＿＿＿＿＿＿？

解答

(1) isn't it
　　▶today は it にする。

(2) doesn't she

(3) didn't they

3 感嘆文

驚きや喜びなどの感情を表す表現

♪10

基本例文

What a beautiful picture!

（なんて美しい写真でしょう。）

ここで 学 習 すること

「なんて〜でしょう」と言いたいときは**What**に〈**形容詞＋名詞**〉を続けます。

【日本語】 なんて美しい写真でしょう。

↓ 疑問詞Whatで文をはじめる

【英　語】 **What a beautiful picture!**

〈形容詞＋名詞〉を続ける 符号は感嘆符（!）

---

 1 **What 〜！の場合**

「なんて〜でしょう」などと，感激や驚きを表したいときはWhat a beautiful picture! のように，**What**のあとに形容詞と名詞を続けて，形容詞の意味を強調します。文の最後には**感嘆符(!)**をつけます。

名詞が単数の場合は形容詞の前にaやanを入れるのを忘れないよう注意しましょう。

What a smart dog!	（なんて賢い犬でしょう。）
What a good idea!	（なんていい考えでしょう。）

♪11

What an exciting game!	（なんてわくわくする試合でしょう。）
What an old computer!	（なんて古いコンピューターでしょう。）

くわしく 〈主語＋動詞〉の省略

感嘆文はもともと最後に〈主語＋動詞〉が続く形です。

・What a good idea that is!
（それはなんていい考えでしょう。）

・What beautiful flowers these are!
（これらはなんて美しい花なんでしょう。）

最後の〈主語＋動詞〉はよく省略されます。

参考 感嘆符（!）

感嘆符（!）は「エクスクラメーションマーク」とも言います。

flowersのように名詞が複数形の場合，aやanは必要ないのでwhatのあとにすぐ形容詞と名詞が続きます。

> **What beautiful flowers!** （なんて美しい花なんでしょう。）　♪ 12

2　How 〜!の場合

Howを使う場合はHow kind!のように，**How**のあとには形容詞か副詞が続いて，形容詞や副詞の意味を強調します。

> **How exciting!**　　　（なんてわくわくするんでしょう。）　♪ 13
> **How kind!**　　　　（なんて親切なんでしょう。）
> **How strange!**　　　（なんて奇妙なんでしょう。）

Howのあとに副詞がくる場合も形は同じです。

> **How fast!**　　　　　（なんて速いのでしょう。）　♪ 14

▶くわしく──〈主語＋動詞〉の省略

感嘆文はもともと〈主語＋動詞〉が文の最後に続く形です。
・How kind he is!
　（彼はなんて親切なんでしょう。）
・How fast he runs!
　（彼はなんて速く走るのでしょう。）
　何について話しているのかがわかるときには，感嘆文の最後の〈主語＋動詞〉はよく省略されます。

☑チェック問題

次の＿＿にWhatかHowを入れて，感嘆文を完成させましょう。

(1)　なんてかわいいのでしょう。
　　　＿＿＿＿＿ cute!

(2)　なんてかわいい犬でしょう。
　　　＿＿＿＿＿ a cute dog!

(3)　なんておもしろい話でしょう。
　　　＿＿＿＿＿ an interesting story!

(4)　なんて高いんでしょう。
　　　＿＿＿＿＿ tall!

────　解　答　────

(1)　How
　　▶あとに形容詞だけが続いている。
(2)　What
　　▶あとに形容詞と名詞が続いている。
(3)　What

(4)　How

4 否定表現

notを使わないで否定の意味を表す表現

基本例文

I have **no** brothers.

（私には兄弟はいません。）

ここで 学習 すること

「～ない」と言うときは，名詞の前に**no**をつけて言うこともできます。

I do not have any brothers. （私には兄弟はいません。）

noを使って「～ない」と表すこともできる

I have no brothers. （私には兄弟はいません。）

---

1 no

no は否定を表す形容詞で，あとに名詞を続けて「（まったく）～ない」という意味を表します。

例えば「私には兄弟がいない」は「私は no brothers（兄弟がいない）を持つ」と考え，I have no brothers. で表すことができます。

The girl has no sisters. （その少女に姉妹はいません。） ♪ 16
There were no students in the classroom.
（教室に生徒は1人もいませんでした。）

2 fewとlittle

a few friends（2，3人の友達）や**a little** water（少しの水）など，few，littleは前にaがつくと「少しはある」という肯定的な意味になります。ですが，前にaがつかないときは「ほとんど～ない」という意味を表します。

発展 noのあとの名詞

noのあとの数えられる名詞は，話す人の気持ちによって，単数形にも複数形にもなります。

ただ，複数であるのがふつうの場合は複数形にします。

・There are no trees in this park.

（この公園には木が1本もありません。）

fewは数えられる名詞の前に使います。

> I have **few** friends in this city. ♪17
> （私はこの街に友達がほとんどいません。）

littleは数えられない名詞の前に使います。

> There is **little** water in the glass. ♪18
> （コップに水はほとんど入っていません。）

くわしく not ～ very

very（とても）を否定すると，「あまり～ない」という意味になります。
・I don't like this book very much.
（私はこの本はあまり好きではありません。）

3 never

neverは現在完了形の文でよく使われ，notよりも強い否定を表し，「決して～ない」「一度も～ない」という意味を表します。
neverはふつう，一般動詞の前，be動詞や助動詞のあとにおきます。

> Tom **never** eats raw fish. （トムは決して生の魚を食べません。） ♪19
> I'll **never** forget you. （あなたのことは決して忘れません。）

4 nothing, nobody

nothingは「何も～ない」，**nobody**と**no one**は「だれも～ない」という意味を表します。
nothingやnobody，no oneは3人称単数扱いをします。これらのことばが主語のときの動詞の形に注意しましょう。

> I have **nothing** to do today. （私は今日何もすることがありません。） ♪20
> **Nobody** knows the answer. （だれもその答えを知りません。）

nothingやnobody, no oneはふつうの名詞や代名詞と同じように文の主語や目的語になるよ。

5 否定表現の書きかえ

〈no＋名詞〉を使った文はnotとanyを使った形に書きかえられる場合があります。例えばI have no 〜.はI don't have any 〜.と同じ意味になります。

> I have no money.　　　　　　　　♪21
> I don't have any money.　（私はまったくお金を持っていません。）

また，nothingを使った文もnotとanythingを使った形に書きかえられる場合があります。

> She said nothing.　　　　　　　　♪22
> She didn't say anything.　（彼女は何も言いませんでした。）

✅ チェック問題

次の＿＿に適する語を入れましょう。

(1) 私たちは食べるものが何もありませんでした。

　　We had ＿＿＿＿＿ to eat.

(2) 私たちの町に図書館は1つもありません。

　　There is ＿＿＿＿＿ library in our town.

(3) 彼はほとんどコーヒーを飲みません。

　　He drinks ＿＿＿＿＿ coffee.

(4) この家にはだれも住んでいません。

　　Nobody ＿＿＿＿＿ in this house.

解答

(1) nothing
　▶「『何もない』を持っていた」と考える。

(2) no

(3) little

(4) lives
　▶nobodyは3人称単数扱いをする。

185

定期テスト予想問題 ⑥

時間 ▶ 20分
解答 ▶ p.254

得点 ╱
╱100

---

1 次の文の( )に適するものを下から選び，その記号を○で囲みなさい。　　【8点×3】

(1) John is very tall, (　　)?
　ア　isn't he　　　　イ　doesn't he　　　　ウ　is John　　　　エ　does John

(2) Do you know (　　) Ms. Smith lives?
　ア　where　　　　イ　who　　　　ウ　which　　　　エ　whose

(3) I wish it (　　) Saturday today.
　ア　had　　　　イ　were　　　　ウ　rains　　　　エ　is

2 次の日本文に合うように，＿＿＿＿に適する語を入れなさい。　　【12点×4】

(1) 私は今日の午後は何もすることがありません。
　I have ＿＿＿＿＿＿＿ ＿＿＿＿＿＿＿ do this afternoon.

(2) 私は彼女がだれか知りません。
　I don't know who ＿＿＿＿＿＿＿ ＿＿＿＿＿＿＿.

(3) 公園で遊んでいる子どもはほとんどいません。
　＿＿＿＿＿＿＿ ＿＿＿＿＿＿＿ are playing in the park.

(4) なんて古い時計でしょう。
　＿＿＿＿＿＿＿ ＿＿＿＿＿＿＿ old clock!

3 次の日本文の意味を表す英文になるように，(　　)内の語句を並べかえなさい。　　【14点×2】

(1) 私は彼女がいつ日本に来たのか知りません。
　(she / don't / when / I / to / know / came / Japan).

　＿＿＿＿＿＿＿＿＿＿＿＿＿＿＿＿＿＿＿＿＿＿＿＿＿＿＿＿＿

(2) もし私があなただったら，そんなことは言わないのになあ。
　If I (that / were / wouldn't / you / say / I / ,).
　If I ＿＿＿＿＿＿＿＿＿＿＿＿＿＿＿＿＿＿＿＿＿＿＿＿＿.

その他，こんなときにも使える便利な文法事項

知りたいことを聞くときには間接疑問文，確認したいときには付加疑問，願望を述べるときには仮定法など便利な文法事項をまとめました。

① 知っているかをたずねよう

どこにバス停があるかわかりますか。

はい，あっちの方です。

次のバスがいつ来るかわかりますか。

② 確認しよう

おなかがすいているんですよね。
はい。

ケーキが好きだよね。
そう，その通り！

③ 願望を言おう

今日が晴れだったらいいのになあ。
晴れだったら，公園を散歩するのになあ。

10章

前置詞・接続詞のまとめ

前置詞in, on, at

名詞や代名詞の前において，情報をプラスする語

基本例文

I was born **in** Chiba **in** 2008.

（私は2008年に千葉で生まれました。）

ここで学習すること

in, on, at を使って，時や場所についての情報をプラスします。

【日本語】 私は 2008年に 千葉で 生まれました。

「〜に」「〜で」をinで表す

【英 語】 I was born in Chiba in 2008.

1 inの意味と働き

in は場所を示して，in this town（この町に）やin Japan（日本に）などのように，「〜に」「〜の中に」「〜の中で」の意味を表します。

What's in this box? （この箱の中に何が入っていますか。）♪02
Kevin is cooking in the kitchen.
（ケビンは台所で料理をしています。）

in は時を示して，午前・午後や年・季節・月など比較的長い時間を表す語句の前に使って，「〜に」という意味を表します。

in the morning （午前中に）　in summer （夏に）♪03

He was born in 1999. （彼は1999年に生まれました。）
Schools start in September in the U.S.
（アメリカ合衆国では学校は9月に始まります。）

 確認 in, on, atはつけない

this, last, next, everyがつくときには，in, on, atは使いません。

・Are you going to meet Tom this evening?
（あなたは今晩トムと会う予定ですか。）
・We went shopping last Sunday.
（私たちはこの前の日曜日に買い物に行きました。）

2　onの意味と働き

onは場所を示して，on the table（テーブルの上に）のように，「〜の上に」の意味を表します。

onは「上」だけでなく，on the wall（壁に）のように，壁などの表面にかかっていたり，接触していたりするときにも使われます。

onは表面にくっついていることを示すんだね。

> on the table　（テーブルの上に）　　on the wall　（壁に）　♪04
>
> There is a piece of paper on the door.
> 　　　　　　　　　　（ドアに紙が1枚あります。）
> We sat on the grass.　（私たちはしばふの上にすわりました。）

onは時を示して，on Friday（金曜日に）やon October 22nd（10月22日に）のように曜日や日付など特定の日などを表す語句の前に使って，「〜に」という意味を表します。

> I'll call you on Friday.　（金曜日に電話をしますね。）　♪05
> The soccer game is on October 22nd.
> 　　　　　　　　（そのサッカーの試合は10月22日です。）

発展　特定の日を表すon

「日曜日の朝に」など，特定の日の朝を言うとき，前置詞はonになります。
・on Sunday morning
　（日曜日の朝に）

3　atの意味と働き

atは場所を示して，at the store（そのお店で）やat the door（ドアのところで）のように「〜のところに[で]」の意味を表します。

> at the store　（その店で）　　at the party　（パーティーで）　♪06
>
> He was waiting at the bus stop.　（彼はバス停で待っていました。）
> We met at the station.　（私たちは駅で会いました。）

atは場所を「点」としてとらえるよ。

10章／前置詞・接続詞のまとめ

atは時を示して，at six thirty（6時30分に）のように時刻を表す語句などの前に使って「～に」という意味も表します。

また，at the end of August（8月の終わりに）のような時の一点について言うときにも使われます。

at night （夜に） at noon （正午に）

I get up at six thirty every morning.
（私は毎朝6時30分に起きます。）

I'm going to visit Hokkaido at the end of August.
（私は8月の終わりに北海道を訪れる予定です。）

▶チェック問題

次の___に適する語を入れましょう。

(1) 私は2010年4月23日に東京で生まれました。

I was born _____ Tokyo _____ April 23rd _____ 2010.

(2) この川には魚がたくさんいます。

There are a lot of fish _____ this river.

(3) ドアのところに立っている少年はだれですか。

Who is the boy standing _____ the door?

(4) 私たちの学校は8時30分にはじまります。

Our school starts _____ eight thirty.

解答

(1) in, on, in
▶日付には on，年には in を使う。

(2) in

(3) at[by]

(4) at
▶「～時（…分）に」は at を使う。

2 時を表す前置詞

期間や時の前後関係を表す前置詞

> **基本例文**   ♪ 08
>
> # We work **from** Monday **to** Friday.
>
> （私たちは月曜日から金曜日まで働きます。）

ここで学習すること

期間や時について情報をプラスするときに使う前置詞を学習します。

【日本語】　私たちは<u>月曜日</u>から<u>金曜日</u>まで働きます。

↓「時」を表す名詞の前に前置詞をおく

【英　語】　We work │ from │ Monday │ to │ Friday.

---

1 ～から／まで

「A から B まで」と言うときは，**from A to B** で表します。

> We work from 9 a.m. to 5 p.m.　　　♪ 09
> （私たちは午前9時から午後5時まで働きます。）

2 ～まで（ずっと）／までに（は）

「～まで（ずっと）」の意味で，そのときまで<u>動作や状態が続いている</u>ことを表すときは **until** を使います。

「～までに（は）」の意味で，そのときまでに<u>動作や状態が終わっているという期限</u>を表すときは **by** を使います。

> 　　　　　　　　　　　　　　　　　　　　　　♪ 10
> I'll be here until three.　（私は3時まで〈ずっと〉ここにいます。）
> I'll be back by three.　　（私は3時までには戻ってきます。）

参考　**そのほかの「～から」を表す語**

since は「～から，～以来（ずっと）」の意味で，現在完了形の文でよく使われます。

・He has lived in Japan since January.
（彼は1月から日本に住んでいます。）

（→p.72）

> until は「～まで続く」，by は「～までにする」と考えると覚えやすいよ。

3 〜の間

「3日間」や「2，3分の間」などの意味で，時間や期間の長さについて「〜の間」と言うときは **for** を使います。

「夏の間」や「夏休みの間」のような特定の期間について「〜の間（ずっと）」と言うときは **during** を使います。

They stayed at this hotel **for** three days. ♪11
（彼らはこのホテルに3日間滞在しました。）

She worked here **during** the summer.
（彼女は夏の間ここで働きました。）

あとに続く語とセットで意味を覚えよう。

4 〜のあとに／の前に

時間や順序について「〜のあとに」と言うときは **after** を使い，「〜の前に」と言うときは **before** を使います。

She usually plays tennis **after** school. ♪12
（彼女はふつう放課後にテニスをします。）

I did my homework **before** breakfast.
（私は朝食前に宿題をしました。）

参考 時間の経過を表す in

in は時の経過を表して「今から〜後に」という意味にもなります。
・I'll be back in an hour.
（私は1時間後に戻ります。）

✓チェック問題

次の____に適する語を入れましょう。

(1) 彼らは冬休みの間，オーストラリアを訪れる予定です。

They are going to visit Australia _____ winter vacation.

(2) 昼食のあと2時間授業があります。

We have two classes _____ lunch.

(3) 明日までにそれをしなさい。

Do it _____ tomorrow.

解答

(1) during
▶winter vacation は特定の期間を表す。

(2) after

(3) by
▶「〜までに」は by。until との使い分けに注意。

3 場所・方向を表す前置詞

場所の位置関係を表す前置詞

 基本例文

♪13

How can I get **to** the station?

（駅へはどのように行けばよいでしょうか。）

ここで
学習
すること

場所についての情報をプラスするときに使う前置詞を学習します。

【日本語】 <u>駅へ</u>はどのように行けばよいでしょうか。

↓ 「場所」を表す名詞の前に前置詞をおく

【英　語】 How can I get | to | the station?

1 〜から／まで

場所を表して「AからBまで」と言うときは，**from A to B**で表します。fromは出発地点を，toは到着地点を表します。

> We walked from his house to the library. ♪14
> （私たちは彼の家から図書館まで歩きました。）
>
> Does this bus go to the museum?
> （このバスは博物館へ行きますか。）

fromは，from Canada（カナダ出身〈の〉）のように出身を表すときにも使われます。

> She is from Canada. （彼女はカナダ出身です。） ♪15

参考 「時」にも使う
from A to B

　from A to B（AからBまで）は「時」についても使えます。（→p.193）

発展 **from**のほかの意味

　fromは「所属」を表すときにも使われます。
・She is a friend from school.
（彼女は学校の友達です。）

195

2 ～の上に／下に

接触していて「～の上に」と言う場合はonを使いますが，接触せずに離れた状態で「～の上に」「～をおおって」と言う場合は**over**を使います。

反対に，接触しないで「～の下に」は**under**を使います。

A plane was flying over the mountain. ♪16
（飛行機が山の上を飛んでいました。）

Ann is reading a book under the tree.
（アンは木の下で本を読んでいます。）

参考 「上に」「下に」

「上に」「下に」を表す前置詞には above と below もあります。

3 ～の間

2つのものや2人の人の「間に」は**between**を使います。

また，3つ[3人]以上のものや人の「間に」は**among**を使います。

♪17

The restaurant is between the park and the hospital.
（そのレストランは公園と病院の間にあります。）

The singer is popular among young girls.
（その歌手は若い女の子たちの間で人気です。）

4 ～の近くに／のそばに

「～の近くに」と言うときは**near**や**by**を使います。

Lisa lives near my house. ♪18
（リサは私の家の近くに住んでいます。）

Why don't you come and sit by me?
（こっちに来て私のそばにすわりませんか。）

くわしく by はより近くに

by は near よりも近いことを表すことが多いです。

・She lives near the sea.
（彼女は海の近くに住んでいます。）

・She lives by the sea.
（彼女は海のそばに住んでいます。）

5 〜の前に

　場所を表して「〜の前に」と言うときは **in front of** を使います。in front of は 3 語で前置詞の働きをしています。

> There is a bus stop in front of the store. ♪19
> （その店の前にバス停があります。）

"in front of" でまとめて覚えてしまおう！

6 〜に沿って／横切って／まわりに

　「〜に沿って」は **along** を，「〜を横切って」は **across** を，「〜のまわりに」「〜のまわりを」は **around** を使います。

> I walked along the river with my dog. ♪20
> （私は犬と川に沿って歩きました。）
> The boy ran across the road.
> （その少年は道路を走って渡りました。）
> The earth moves around the sun.
> （地球は太陽のまわりをまわっています。）

7 〜の中へ／から外へ

　「〜の中へ」と言うときは **into** を使い，「〜から外へ」と言うときは **out of** を使います。

> The students went into the classroom. ♪21
> （生徒たちが教室に入って行きました。）
> The students went out of the classroom.
> （生徒たちが教室から出て行きました。）

✔確認 「〜の中に」の in

　「〜の中に」という状態は in で表しますが，「〜の中へ」という移動は into で表します。

4 その他の前置詞

手段・所属などの意味を表す前置詞

基本例文 ♪22

She went shopping **with** her mother.

（彼女は母親と買い物に行きました。）

ここで **学習** すること

その他のいろいろな情報をプラスする前置詞について学習します。

【日本語】 彼女は母親と買い物に行きました。

↓「～といっしょに」はwithで表す

【英　語】 She went shopping | with | her mother.

---

1 ～によって

手段を表して「～で」と言うときは，**by**を使います。また，byは行為をする人を表して，「～によって」という意味も表します。

Did you go there by bus or by train? ♪23
（あなたはそこへバスで行きましたか，それとも電車で行きましたか。）
This book was written by a famous actor.
（この本は有名な俳優によって書かれました。）

2 ～といっしょに／なしで

「～といっしょに」や「～を身につけて」という意味を表すときは**with**を使います。反対に，「～なしで」は**without**を使います。

Look at the girl with long hair. （髪の長い少女を ♪24
ごらんなさい。）
He went out without an umbrella.
（彼はかさを持たないで外出しました。）

> テストで注意 **byのあとにはaはつけない!**
> 「車で」「バス で」など，byのあとに交通手段がくるときは，aやtheはつけません。
> ・by car（車で）
> ・by bike（自転車で）

> withは「いっしょになっている，くっついている」という状態を表すんだね。

3 〜の

of は「〜の」という意味で，所属や分量などを表します。

		♪25
the name of this flower	（この花の名前）	
a glass of water	（コップ1杯の水）	

4 〜のために

for は「〜のために」という利益・目的や，「〜にとって」という不定詞の意味上の主語を表します。

	♪26
This is a present for you.	
（これはあなたへの[あなたのための]プレゼントです。）	
It's hard for me to study every day.	
（私にとって毎日勉強することは難しい。）	

5 その他の前置詞

about は「〜について」「〜に関して」という意味を表します。
as は「〜として」の意味を表します。
like は「〜のような」「〜のように」の意味を表します。

	♪27
This is a book about Japan.	（これは日本についての本です。）
She is famous as a writer.	（彼女は作家として有名です。）
He looks like his father.	（彼は父親に似ています。）

くわしく be made of

ものが「〜でできている」と言うときにも of を使って，be made of 〜で表します。このとき，材料が何か，見てわかるものが of のあとに続きます。
・This table is made of wood.
（このテーブルは木でできています。）

発展 for のほかの用法

for は「原因・理由」も表します。
・Thank you for helping me.
（手伝ってくれてありがとう。）

確認 前置詞以外の使い方

about は副詞で「約，およそ」の意味もあります。

as は比較の文で，as 〜 as … の形で「…と同じくらい〜」という文をつくるときにも使います。

like は動詞で「〜が好きだ」という意味の単語もあります。

5 　接続詞and, but, or, so

2つの単語と単語や，句と句，文と文をつなぐ語

基本例文

♪28

We like him **and** he also likes us.

（私たちは彼が好きです。そして彼も私たちが好きです。）

ここで
学習
すること

【語と語をつなぐ】 **Yumi and Yuki** （ユミとユキ）

【句と句をつなぐ】 **in the park and at the station** （公園の中と駅で）

【文と文をつなぐ】 **We like him and he also likes us.**

（私たちは彼が好きです。そして彼も私たちが好きです。）

1 and

andは語句と語句をつないで，「AとB」，文と文をつないで，「A そしてB」という意味を表します。

She speaks English and Japanese. ♪29

（彼女は英語と日本語を話します。）

I stayed at home and studied math.
（私は家にいて，数学 を勉強しました。）

2 but

butは，「しかし」の意味で，前に述べたことと対立する内容を述べるときに使います。

I like tennis but I don't play it well. ♪30

（私はテニスが好きですが，上手ではありません。）

My mother likes cats but my father doesn't.

（母はねこが好きですが，父はねこが好きではありません。）

くわしく A, B, and C

3つ以上の語を並べるときは，ふつうコンマでつなぎ，最後の語の前にだけandを入れます。and の前のコンマは省略することができます。

・Tom, Jim, and John

（トムとジムとジョン）

発展 〈命令文＋and ～〉

命令文のあとにandがくると「～しなさい。そうすれば…」という意味になります。

・Get up right now, and you'll be in time for school.

（今すぐ起きなさい。そうすれば学校に間に合いますよ。）

3 　or

or は語句と語句をつないで，「AかB」「AまたはB」という意味を表します。

> Do you go to school by bike or by bus? ♪31
> （あなたは学校に自転車で行きますか，それともバスで行きますか。）
>
> Which do you like better, summer or winter?
> （あなたは夏と冬とでは，どちらのほうが好きですか。）

4 　so

so は「だから」「それで」という意味で，前の文の理由を受けて，その結果を表します。

> It got dark, so we went home. ♪32
> （暗くなったので，私たちは家に帰りました。）
>
> I don't like flying, so I've never been abroad.
> （私は飛行機が苦手です。だから海外へ行ったことがありません。）

発展 〈命令文＋or …〉

命令文のあとにorがくると「〜しなさい。そうしなければ…」という意味になります。

・Get up right now, or you'll be late for school.
（今すぐ起きなさい。そうしなければ学校に遅れますよ。）

✓チェック問題

次の＿＿に適する語を入れましょう。

(1) 父と私はサッカーが好きです。

My father ＿＿＿＿＿＿ I like soccer.

(2) 私たちはサッカーが好きですが，弟は好きではありません。

We like soccer, ＿＿＿＿＿＿ my brother doesn't.

(3) あなたはサッカーと野球とではどちらのほうが好きですか。

Which do you like better, soccer ＿＿＿＿＿＿ baseball?

(4) 父が新しいテレビを買ってくれたので，私たちはうれしいです。

My father bought us a new TV, ＿＿＿＿＿＿ we are happy.

解答

(1) and

(2) but

(3) or

(4) so
▶…, so 〜（…だから〜）と
… because 〜（〜だから…）の使い分けに注意。

6 　接続詞that

〈主語＋動詞 ～〉をともなって，thinkなどの目的語になる接続詞

基本例文

♪33

I think **that** this book is interesting.

（私はこの本はおもしろいと思います。）

「～だと思う」のように文を目的語にするときは，接続詞**that**を使います。

【日本語】　私は<u>この本はおもしろい</u>と思います。

　　　　　　↓「～ということ」はthatで表せる

【英　語】　**I think** | **that** | **this book is interesting.**

〈that＋主語＋動詞 ～〉

1　接続詞that

thatのあとに〈主語＋動詞 ～〉を続けたまとまりは「～ということを」という意味で，I think（私は思う）やI know（私は知っている）などの文の目的語になります。このthatは省略可能です。

I think that English is easy.　　　　　　♪34

（私は，英語は簡単だと思います。）

I think that he is tired.　　　（私は，彼は疲れていると思います。）

2　that ～を目的語にとる動詞

that ～を目的語にとる動詞は，以下のようなものがあります。

think（思う）　　know（知っている）
hope（望む）　　say（言う）
hear（聞く）　　believe（信じる）

参考　「節」とは

主語と動詞を含むまとまりを「節」と言います。

I think that this book is interesting. の文の場合，I think. と that this book is interesting の２つの節に分かれます。

I thinkのほうが文の中心となる節なので「主節」と言い，that this book is interestingはthinkの目的語になる節なので「従属節」と言います。

I hope that it will be sunny this weekend. ♪35
　　　(この週末は晴れるといいと思います。)

I hear that she doesn't like sports.
　　　(彼女はスポーツが好きではないと聞いています。)

thatはよく省略
されるけど，意味
はかわらないよ。

3 〈be＋形容詞＋that 〜〉

　that 〜は，thinkやhopeなどの動詞のほかに，I'm happyなど
の〈be動詞＋形容詞〉の語句のあとに続くこともあります。

　that 〜をあとに続ける〈be動詞＋形容詞〉の語句には次のような
ものがあります。

be happy[glad] (that) 〜	〜ということがうれしい
be sorry (that) 〜	〜ということを残念に思う
be afraid (that) 〜	〜をおそれる，残念ながら〜
be sure (that) 〜	きっと〜だと思う

I'm glad that you can come to the party. ♪36
　　　(あなたがパーティーに来られることがうれしいです。)

I'm afraid it will rain tomorrow.
　　　(残念ながら，明日は雨が降るでしょう。)

I'm afraidと I hopeのちがい

　I'm afraidは，望まないことを言うときに使います。一方，I hopeは，望むことを言うときに使います。

・I'm afraid (that) I can't go to the party.
　(残念ながら，私はパーティーに行けません。)

・I hope (that) you can come to the party.
　(あなたがパーティーに来られることを望んでいます。)

4 時制の一致

　「〜だと思いました」「〜だと知っていました」などと，過去のこと
を言うときは，thatのあとの動詞も過去形にします。

I thought that he was tired. ♪37
　　　(私は彼は疲れていると思いました。)

She said that she didn't want to go.
　　　(彼女は行きたくないと言いました。)

I was glad that she liked the present.
　　　(彼女がそのプレゼントを気に入ってくれてうれしかったです。)

くわしく 助動詞の時制の一致

　thatのあとが助動詞のある文のときは，助動詞を過去形にします。

・He said (that) he couldn't go to the party.
　(彼はパーティーに行けないと言いました。)

203

5 〈tell me that 〜〉の文

that 〜 は, 〈tell 人 that 〜〉(〜だということを人に言う), 〈show 人 that 〜〉(〜だということを人に見せる) という形でも使われます。SVOOの2番目のO(目的語)に that 〜 が入った形です。

My mother told me that she enjoyed karaoke. ♪38
　　　　(母は私にカラオケを楽しむと言いました。)
He showed us that he had nothing in his hands.
　　　　(彼は私たちに手の中に何もないことを見せてくれました。)

✔確認 〈tell 人＋how to〉

tellやshowなどの動詞は, SVOOのあとのOにhow to 〜 などの〈疑問詞＋to 〜〉がきたり (→p.120), 〈疑問詞＋主語＋動詞〉がきたりする (→p.172) ことがあります。

・He told me how to get to the station.
　(彼は私に駅への行き方を教えてくれました。)
・She told us what she wanted.
　(彼女は私たちに何がほしいかを言いました。)

☑チェック問題

次の____に適する語を入れましょう。

(1) 彼はテニスが好きだと思います。

　　I think _____ he likes tennis.

(2) ジュディーは散歩したいと言いました。

　　Judy said _____ she _____ to take a walk.

(3) 彼女は私に自分は幸せだと言いました。

　　She _____ me _____ she was happy.

```
　　　　　　　　　解 答
```

(1)　that

(2)　that, wanted
　　▶saidが過去形なので, that のあとの動詞もwantedという過去形にする。

(3)　told, that
　　▶〈tell 人 that 〜〉の文。sayは直接「人」を目的語にしないので, ここでは使えない。

7 接続詞when, if, becauseなど

時，条件，理由などを表す接続詞

基本例文 ♪39

It was raining **when** I got up.

（私が起きたとき，雨が降っていました。）

「～のとき」と言いたいときは，**when**を使って表すことができます。

【日本語】 <u>私が起きたとき</u>，雨が降っていました。

「～のとき」をwhenで表す

【英　語】 It was raining ｜ when ｜ I got up.

〈when＋主語＋動詞 ～〉

1 接続詞 **when**

whenはあとに主語と動詞がある文を続けて，「～のとき」という意味で，具体的にいつのことなのかを説明します。

Tom was watching TV when I visited him. ♪40
When I visited Tom, he was watching TV.
（私がトムを訪れたとき，彼はテレビを見ていました。）

2 時を表す接続詞

時を表す接続詞には，whenのほかに，**while**（～の間に），**until**（～まで）などがあります。

✔確認 when ～の位置

whenのまとまりが文の最初にきても後半にきても，意味はかわりません。最初にくるときはコンマ（,）を入れます。

参考 そのほかの「時」を表す接続詞

after（～のあとに），before（～の前に），since（～以来）などは接続詞としても使われ，あとに〈主語＋動詞 ～〉を続けることもできます。

・He has been in Japan since he was ten.
（彼は10歳のときから日本にいます。）

While I was in Tokyo, I visited a lot of museums. ♪41
(私は東京にいる間にたくさんの博物館を訪れました。)

I have to stay home until my mother comes back.
(母が戻るまで, 私は家にいなければなりません。)

3 接続詞 if

if は「もし~すれば」の意味で, 条件を説明します。
if ~を文の最初におくこともできます。そのときは, If ~のあとに
コンマ (,) を入れます。

You'll be in time for school if you hurry. ♪42
If you hurry, you'll be in time for school.
(もし急げば, 学校に間に合いますよ。)

4 接続詞 because

because は「~だから」「~なので」の意味で, 理由を説明しま
す。because ~を文の最初におくこともできます。そのときは,
Because ~のあとにコンマ (,) を入れます。

I am very hungry because I didn't have lunch. ♪43
(私は昼食を食べなかったので, とてもおなかがすいています。)

テストで
注意 **未来のことも現在形**

時や条件を表す when ~や if ~
の節の中では, 未来のことも現在形
で表します。
・I won't play tennis if it
rains next Saturday.
(次の土曜日に雨が降ったら, 私
はテニスをしません。)

when, if, because
のまとまりが文の最初
にくるときはコンマで
区切るよ。

✓ チェック問題

次の___に適する語を入れましょう。

(1) 私が帰宅したとき, 父は夕食を作っていました。
My father was cooking dinner _____ I got home.

(2) もし次の日曜日に雨が降ったらどうしましょうか。
What shall we do _____ it _____ next
Sunday?

(3) 彼は病気なので, 今日は来られません。
He can't come today _____ he is sick.

解答

(1) when

(2) if, rains
　▶条件を表す if ~の中では
　未来のことは現在形で表す
　ので, it のあとの動詞は
　rains にする。

(3) because

11章

重要動詞のまとめ

have

「持っている」「食べる」「経験する」などの意味を表す

```
基本例文
```

♪01

I **have** a new computer.

（私は新しいコンピューターを持っています。）

```
ここで
学 習
すること
```
→ **have** の基本的な意味は「～を持っている」です。そこから派生して「（友人など）がいる」「～を食べる，飲む」「～を経験する」「（会など）を開く」などさまざまな意味を表します。

1　have の基本的な意味

have は基本的には，「**～を持っている**」という意味で，何かを所有している状態を表します。

そこから派生して，「～がいる」「～がある」という意味になり，「（友人など）がいる」「（ペット）を飼っている」「（考え）を持っている」「（要素）を含んでいる」などの意味を表します。

このような所有している状態を表すhaveは進行形にはしません。

Do you have any brothers or sisters?　♪02
　　　　　　　（あなたには兄弟か姉妹はいますか。）
She has a white cat called Tama.
　　　　　　　（彼女はタマという白いねこを飼っています。）
I have a good idea.　（私にいい考えがあります。）
A week has seven days. （1週間は7日です。）

くわしく have の語形変化

3単現：has
ing形：having
過去形：had ［hæd］
過去分詞：had

「状態」を表すhaveは進行形にしないよ。

2 (have のいろいろな意味)

have には「～を経験する」や「(会など)を開く」などの意味も
あります。

> We had a lot of snow this winter.　♪03
> 　　　　　　　　　(この冬は雪が多かった。)
> They're going to have a party next Sunday.
> 　　　　　　　(彼らは今度の日曜日にパーティーを開く予定です。)
> We had a math test yesterday.
> 　　　　　　　　(私たちは昨日数学のテストがありました。)

3 (動作を表す have)

have は「～を食べる，飲む」や「～(な時)を過ごす」などのよう
な動作を表すこともあります。

このような動作を表している have は進行形にすることができます。

> They are having lunch in the classroom.　♪04
> 　　　　　　　　(彼らは教室で昼食を食べています。)
> We had a good time at the party last Saturday.
> 　　　(私たちはこの前の土曜日，パーティーで楽しい時を過ごしました。)

☑確認 **助動詞 have**

have には〈have＋過去分詞〉
の形で「現在完了形」の文をつくる
助動詞としての働きもあります。
・I have lived in Osaka for
a long time.
（私は長い間大阪に住んでいま
す。）
(→p.70)

> 動作を表す have
> は進行形にできる
> よ。

☑ **チェック問題**

次の下線部の英語を日本語に訳しましょう。

(1) I have a dog.
　　私は（　　　　　　　　　　　　　　　　　　　　）。

(2) I had breakfast at seven this morning.
　　私は今朝7時に（　　　　　　　　　　　　　　　）。

(3) We had a Christmas party yesterday and had a good
　　time.
　　私たちは昨日（　　　　　　　　　　　　　　　　）。
　　そして楽しい（　　　　　　　　　　　　　　　　）。

解 答

(1) 犬を（一匹）飼っています

(2) 朝食を食べました

(3) クリスマスパーティーを開
　　きました／時を過ごしま
　　した

2 get

「〜を手に入れる」「〜（の状態）になる」などの意味を表す

基本例文

♪05

How can I **get** a ticket?

（どうしたら切符を買うことができますか。）

ここで
学 習
すること
> **get**の基本的な意味は「〜を手に入れる」です。
> そこから派生して「〜を買う」「〜を受け取る」「〜を取ってくる」「〜の状態になる」などの意味を表します。

1 getの基本的な意味

getは基本的には「**〜を手に入れる**」という意味で，動作を表します。

そこから派生して，「〜を買う」「〜を受け取る」「〜を取ってくる」などの意味になります。

Where did you get this new racket? ♪06
（あなたはどこでこの新しいラケットを買ったのですか。）

I got a letter from Bill. （私はビルからの手紙を受け取りました。）

〈get A（人）B（もの）〉の形で「AにBを買ってあげる」「AにBを取ってくる」などの意味になります。

I'll get you something to drink. ♪07
（あなたに何か飲み物を持ってきてあげましょう。）

くわしく — getの語形変化

3単現：gets
ing形：getting
過去形：got ［gɑt］
過去分詞：gotten ［gátn］, got

W ライティング **SVOへの書きかえ**

〈get A B〉の文は，〈get B for A〉に書きかえることができます。

・I'll get you something to drink.

= I'll get something to drink for you.

（あなたに何か飲み物を買って［持ってきて］あげましょう。）

2 「（ある状態）になる」

getはあとに形容詞や過去分詞がくると「（ある状態）を手に入れる」「（ある状態）になる」という意味になります。

I hope your grandmother gets better soon. ♪08
（あなたのおばあさんがすぐによくなるといいですね。）

We have to get ready to go out.
（私たちは出かける準備をしなければなりません。）

get hurt（けがをする）やget lost（道に迷う）など，getは過去分詞と結びついてもよく使われるね。

3 「そこに着く」など

getはあとに副詞がくると，さまざまな意味を表します。

get here	（ここに着く）	get there	（あちらに着く）
get home	（家に着く）	get back	（戻る）
get up	（起きる）	get out	（外に出る）

They will get here tomorrow. ♪09 （彼らは明日ここに着くでしょう。）
When did you get home? （いつ家に着きましたか。）

✔確認 「〜に着く」のget

「〜に着く」と言うとき，あとに名詞がくる場合は，get to 〜を使います。

・He got to Tokyo at ten.
（彼は10時に東京に着きました。）

縦書き：11章／重要動詞のまとめ

チェック問題

次の下線部の英語を日本語に訳しましょう。

(1) It's getting dark outside.
外は（　　　　　　　　　　　　）。

(2) I got an e-mail from Lisa last night.
昨夜私はリサから（　　　　　　　　　　　　）。

(3) She got home at five.
彼女は5時に（　　　　　　　　）ました。

解答

(1) 暗くなってきています
▶get darkで「暗くなる」。

(2) メールを受け取りました

(3) 家に着き［帰宅し］
▶get homeで「家に着く」「帰宅する」。

3　take

「～を取る」「（時間）がかかる」などの意味を表す

♪ 10

> **基本例文**

Take your umbrella with you.

（かさを持っていきなさい。）

takeの基本的な意味は「～を取る」です。
そこから派生して「～を持っていく，連れていく」「（乗り物）に乗っていく」「（時間）がかかる」などのさまざまな意味を表します。

1　takeの基本的な意味

takeは基本的には，**「～を取る」**という意味です。

そこから派生して「～を持っていく」「～を連れていく」「～を受け取る」「（授業や試験）を受ける」などの意味を表します。

He takes his dog to the park every morning.　♪ 11
（彼は毎朝犬を公園へ連れていきます。）

I'll take this one.　（〈買い物で〉これをください。）

2　takeのいろいろな意味

take a bus（バスに乗っていく）などのように，takeは「（乗り物）に乗る」という意味も表します。

You can take the bus to the museum.　♪ 12
（博物館へはバスに乗っていくことができます。）

くわしく　takeの語形変化

3単現：takes
ing形：taking
過去形：took [tuk]
過去分詞：taken [téikən]

参考　対になる語のbring

「（話し手のところからどこかへ）持っていく，連れていく」がtakeですが，反対に「（話し手のところに）持ってくる，連れてくる」はbringで表します。

・Can you bring me a glass of water?
（水をコップ一杯持ってきてくれますか。）

・My aunt sometimes brings me a present.
（おばさんはときどき私にプレゼントを持ってきてくれます。）

また，takeは「（ある行動）をする」などの意味も表します。

take a picture（写真を撮る）　take a trip 　　（旅行をする）
take a bath 　（ふろに入る）　take a shower（シャワーを浴びる）
take a walk 　（散歩をする）　take a look 　（見てみる）

We took a lot of pictures in Okinawa. ♪13
（私たちは沖縄でたくさんの写真を撮りました。）

〈take a 〜〉の形でひとつの動詞と同じ働きをするよ。

3　「（時間）がかかる」

takeは「（時間）がかかる」という意味も表します。この意味では，よくitを主語にして，〈It takes ＋時間の長さ＋ to 〜.〉という形で「〜するのに〈時間〉がかかる」という意味を表します。

It takes ten minutes to walk to the station. ♪14
（駅まで歩いていくのに10分かかります。）

How long does it take to get to the airport?
（空港へ行くのにどのくらい時間がかかりますか。）
―It takes an hour by bus. （バスで1時間かかります。）

発展　**takeに続く語句**

takeのあとに「人」がくることもあります。

・It took me thirty minutes to do my homework.
（私は宿題をするのに30分かかりました。）

〈縦書き〉11章　重要動詞のまとめ

✔チェック問題

次の下線部の英語を日本語に訳しましょう。

(1) I <u>took a bus to the station</u> yesterday.
　　私は昨日（　　　　　　　　　　　　　　　　　　）。

(2) Where did you <u>take this picture</u>?
　　あなたはどこで（　　　　　　　　　　　　　　）か。

(3) How long <u>does it take</u> to get to Tokyo Station?
　　東京駅へ行くのにどのくらい（　　　　　　　　　）か。

　　　　　解答

(1) 駅までバスに乗りました

(2) この写真を撮りました

(3) 時間がかかります

4 make

「〜を作る」「AをBの状態にする」などの意味を表す

基本例文

♪15

My father **made** dinner yesterday.

（昨日父が夕食を作りました。）

ここで **学習** すること

makeの基本的な意味は「〜を作る」です。
そこから派生して「（ある動作）をする」や，あとに目的語と補語を伴って「〜を…（の状態）にする」などの意味を表します。

1 makeの基本的な意味

makeは基本的には，**「〜を作る」**という意味で，動作を表します。
〈make A（人）B（もの）〉の形で，「AにBを作る」の意味になります。

She made us a cake. （彼女は私たちにケーキを作ってくれました。） ♪16

2 makeのいろいろな意味

makeは「形のあるものを作る」という意味のほか，「形のないものを生じさせる」という意味も表します。
「（食事など）を用意する」「（計画）を立てる」「（友達）をつくる」「（お金）を稼ぐ」などさまざまな意味を表すことができます。

I made plans for the weekend. （私は週末の計画を立てました。） ♪17
She made a lot of friends. （彼女は多くの友達をつくりました。）

⟩くわしく— makeの語形変化

3単現：makes
ing形：making
過去形：made ［meid］
過去分詞：made

SVOへの書きかえ

〈make A B〉の文は，〈make B for A〉に書きかえることができます。

・She made us a cake.
＝She made a cake for us.
（彼女は私たちにケーキを作ってくれました。）

3 「AをBの状態にする」

makeはあとに（代）名詞（A）と形容詞（B）を続けた〈make A B〉の形で「AをBの状態にする」という文をつくります。

> Her smile always makes us happy.　♪18
> 　　　　　　（彼女のほほえみはいつも私たちを幸せにしてくれます。）

4 「人に〜させる」

makeはあとにA（人）と動詞の原形を続けた〈make A＋動詞の原形〉の形で「A（人）に〜させる」という意味になります。

> My mother makes me wash the dishes.　♪19
> 　　　　　　　　　　　　（母は私に皿を洗わせます。）

5 「（ある動作）をする」

makeは，「（ある動作）をする」という意味になることもあります。

make a speech （演説する）　　make a mistake （まちがいをする）
make a promise （約束する）　　make a wish 　（願い事をする）

> He made a speech at the party.　♪20
> 　　　　　　　（彼はパーティーでスピーチをしました。）

🔗 リンク　**SVOCの文**

「〜を…にする」という文は，目的語のあとに目的語を説明する補語が続いている文で，「SVOCの文」と言います。（→p.132）

右上欄外：11章／重要動詞のまとめ

〈make a 〜〉でひとつの動詞と同じ働きをするよ。

☑ チェック問題

次の下線部の英語を日本語に訳しましょう。

(1) My father made spaghetti for us.
　　父は私たちのために（　　　　　　　　　　　　　　）。

(2) He made a mistake on the test.
　　彼はテストで（　　　　　　　　　　　　　　）。

(3) The news made me happy.
　　その知らせは（　　　　　　　　　　　　　　）。

―――　解　答　―――

(1) スパゲッティを作ってくれました

(2) まちがいをしました

(3) 私をうれしくさせました

「行く」「来る」の使い分け

go と come

基本例文

Does this bus **go** to the zoo?

（このバスは動物園へ行きますか。）

ここで 学 習 すること

go と **come** は話し手と聞き手の関係に注意して使い分けます。
go は話し手または聞き手のいる場所からどこかへ「行く」ことを意味します。
come はある場所へ近づくことを意味します。

---

1 「行く」と「来る」

基本的には **go** は「行く」，**come** は「来る」という動作を表します。

We went to Kyoto last month. ♪ 22

（私たちは先月京都に行きました。）

You came to Kyoto last month.

（あなたたちは先月京都に来ました。）

ただし，go と come の意味が常に日本語の「行く」「来る」と一致するわけではありません。日本語では「行く」という場合にも come を使って表すこともあります。

例えば，話し手のところに「行く」と言うときは go ではなく come を使います。

"Breakfast is ready." "I'm coming." ♪ 23

（「朝ごはんができたわよ。」―「今，行きます。」）

くわしく go の語形変化

3単現：goes
ing形：going
過去形：went [went]
過去分詞：gone [ɡɔ(:)n]

くわしく come の語形変化

3単現：comes
ing形：coming
過去形：came [keim]
過去分詞：come

go は出発点に視点があり，come は到着点に視点があります

2 副詞といっしょに使う

　goとcomeは，go out（出ていく，外出する）やcome in（入ってくる）のように副詞といっしょに使っていろいろな意味を表します。

go on	（先に進む，続ける）	come out	（出てくる）
go back	（戻っていく）	come back	（戻ってくる）
go there	（そこへ行く）	come here	（ここへ来る）

John went home.	（ジョンは家に帰りました。）	♪24
John came home.	（ジョンが家に帰ってきました。）	

3 「〜しに行く」

　goは，**go 〜ing** の形で「〜しに行く」という意味を表します。go 〜ingは決まった形です。×go to 〜ingとは言いません。

go skiing	（スキーに行く）	go swimming	（泳ぎに行く）
go fishing	（魚つりに行く）	go camping	（キャンプに行く）

Ann went shopping this morning.	♪25
（アンは今朝，買い物に行きました。）	

テストで注意　副詞の前にtoはつけない

　here や home は副詞なので，前置詞toはつけません。
×Go *to* home.
○Go home.
×Come *to* here.
○Come here.

　to をつけるのは，あとに場所などを表す名詞が続くときです。
・Let's go to the park.
（公園へ行きましょう。）

くわしく　「海に泳ぎに行く」

　「海に泳ぎに行く」はswim in the sea（海で泳ぐ）を「しに行く」と考えるので，
○go swimming in the sea
と言います。
×go swimming *to* the sea
とは言いません。

11章／重要動詞のまとめ

✓チェック問題

次の____に適する語を入れましょう。

(1) 入ってもいいですか。

　　May I _____ in?

(2) このバスは博物館へ行きますか？

　　Does this bus _____ to the museum?

解答

(1) come

(2) go

217

「見る」の使い分け

「目を向ける」は look，「じっと見る」は watch，「目に入る」は see

Look at this picture.

♪26

（この写真を見なさい。）

日本語の「見る」は，英語では使う場面によって **look**，**watch**，**see** を使い分ける必要があります。

look は，「（何かを見ようとして）見る」と言うときに使います。
look at 〜 の形で使います。

What are you looking at?（あなたは何を見ているのですか。）♪27

watch は，「（動きのあるものを）じっと見る」と言うときに使い，「関心をもって見る」という意味合いが強い場合に使います。
テレビやスポーツを見るときは，ふつう watch を使います。

They are watching TV in the living room. ♪28
（彼らは居間でテレビを見ています。）

see は「（自然と）目に入る，見える」と言うときに使います。

I can see a plane over there.（向こうに飛行機が見えます。）♪29

「〜を見る」は look at 〜，look のあとに直接，目的語はこないよ

くわしく 「映画を見る」

「映画を見る」と言うとき，映画館で見るときは，see a movie と言い，テレビや DVD で見るときは，watch a movie と言うことが多いです。

テストで注意 see は進行形にしない

see は「見えている」という状態を表す動詞なのでふつうは進行形にはなりません。

7 「聞く」の使い分け

「耳をかたむける」は listen，「耳に入る」は hear

基本例文

♪30

Can you **hear** me?

（私の言うことが聞こえますか。）

ここで **学習** すること

日本語の「聞く」は，英語では使う場面によって **listen**，**hear** を使い分ける必要があります。

1 listen

listen は，「（何かを聞こうとして）聞く」「耳をかたむける」と言うときに使います。listen to me のように **listen to ～** の形で使います。

She always listens to music on the train. ♪31
（彼女は電車ではいつも音楽を聞きます。）

He didn't listen to his mother.
（彼は母親の言うことを聞きませんでした。）

2 hear

hear は「（自然と）耳に入る，聞こえる」と言うときに使います。「音が自然と耳に入ってくる」という状態を表しているので，この意味の hear は進行形にしません。

I heard a strange noise outside. ♪32
（外で奇妙な音がするのが聞こえました。）

✓確認

listen は直接，目的語をとることができません。「～を聞く」と言うときは，listen to ～ の形にします。

くわしく 「たずねる」は ask で

「たずねる」「質問をする」という意味の「聞く」は ask を使います。
・I asked him about his family.
（私は彼に家族について聞きました。）

くわしく hear の語形変化

3単現：hears
ing形：hearing
過去形：heard [həːrd]
過去分詞：heard

219

「言う」の使い分け

「会話する」は speak・talk,「言う」は say,「伝える」は tell

基本例文

♪33

He **told** us an interesting story.

（彼は私たちにおもしろい話をしてくれました。）

ここで
学 習
すること

日本語の「言う」という動作を表すとき，英語では使う場面や内容によって
speak, talk, say, tell を使い分ける必要があります。

---

1 **speakとtalk**

 speakと**talk**は，ともに「話す」「会話する」という意味を表します。「相手と」話すときはtalkを使います。一方，「話す」という動作に重点がおかれるときはspeakを使います。

> **We talked for a long time last night.** ♪34
> 　　　　　　　　　　（私たちは昨夜長い間話しました。）
> **He speaks English well.** （彼は英語を上手に話します。）

　「だれかと話す」と言うときは，speak with A／speak to A（Aと話す）やtalk with A／talk to A（Aと話す）のように言います。「～について話す」と言うときは，about ～をあとに続けます。

> **A man talked to me on the train.** ♪35
> 　　　　　　　　（男の人が電車で私に話しかけてきました。）
> **What is the girl talking about?**
> 　　　　　　　　（少女は何について話していますか。）

くわしく → speakの語形変化

3単現：speaks
ing形：speaking
過去形：spoke ［spouk］
過去分詞：spoken ［spóukən］

左の文のtalked
to ～はspoke to
～にかえて言うこ
ともできるよ。

2 say

sayは「（考えやことばを）言う，述べる」と言うときに使います。

Could you say that again? ♪36

（もう一度それを言ってくださいませんか。）

say thatのように「もの」がsayの目的語になることはありますが，「人」が目的語になることはないので注意しましょう。

3 tell

tellは「（情報や話の内容を相手に）伝える」と言うときに使います。tell meのような〈tell＋人〉の形でよく使われます。

Please tell me about haiku. ♪37

（俳句について私に話してください。）

〈tell A（人）B（もの）〉で「AにBを話す」という形でもよく使われます。

Ann told me what happened. ♪38

（アンは何が起きたか私に話してくれました。）

▶くわしく **say の語形変化**

3単現：says ［sez］
ing形：saying
過去形：said ［sed］
過去分詞：said

▶くわしく **tell の語形変化**

3単現：tells
ing形：telling
過去形：told ［tould］
過去分詞：told

■ 参考 **不定詞を伴うtell**

tellは〈tell＋人＋to ～〉の形で「（人）に～するように言う」という意味の文をつくります。

・He told us to practice hard.

（彼は私たちに一生懸命練習するように言いました。）

（→p.124）

11章／重要動詞のまとめ

✔チェック問題

次の＿＿に適する語を入れましょう。

(1) 英語で話しましょう。

Let's ＿＿＿＿＿ in English.

(2) 彼が何か言いましたが，聞こえませんでした。

He ＿＿＿＿＿ something, but I couldn't hear him.

(3) 彼女は私たちに家族のことを話しました。

She ＿＿＿＿＿ us about her family.

解答

(1) talk［speak］

(2) said

(3) told

▶あとにUSが続いていることに注目する。

「教える」の使い分け

「指導する」はteach，「伝える」はtell，「実際に見せて教える」はshow

♪ 39

> ### 基本例文
>
> ## He **showed** us how to swim.
>
> （彼は私たちに泳ぎ方を教えてくれました。）

ここで **学習** すること　日本語の「教える」の意味を表すとき，英語では使う場面によって**teach，tell，show**を使い分ける必要があります。

1 teach

teachは，「（勉強など）を教える，指導する」と言うときに使います。「道を教える」「電話番号を教える」など，単に知っている情報を伝えるようなときにはteachは使いません。

teachは，「A（人）にB（もの）を教える」という意味の〈teach A B〉という形でよく使います。〈teach B to A〉でも同じ意味を表すことができます。

> He teaches us math.（彼は私たちに数学を教えています。）
> She teaches Helen how to play the piano.
> （彼女はヘレンにピアノの弾き方を教えています。）

2 tell

tellは，「（相手に何か）を伝える，教える」と言うときに使います。特に「情報を相手に伝える」という意味合いが強い場合に使われます。

くわしく teachの語形変化

3単現：teaches
ing形：teaching
過去形：taught ［tɔːt］
過去分詞：taught

W ✎ ライティング　〈もの＋to＋人〉への書きかえ

teach, tell, showのあとの〈人＋もの〉の2つの目的語は，〈もの＋to＋人〉の語順に書きかえることができます。

・He teaches us math.
＝He teaches math to us.
（彼は私たちに数学を教えています。）

くわしく tellの語形変化

p.221

tellは「A（人）にB（もの）を伝える，教える」という意味の〈tell A B〉という形でよく使われます。〈tell B to A〉でも同じ意味を表せます。

> Could you tell me your e-mail address? ♪41
> （あなたのメールアドレスを教えてくださいませんか。）
>
> He told us the way to the nearest bus stop.
> （彼は私たちに最寄りのバス停への道順を教えてくれました。）

3 show

showは「（実際に案内したり，ものを見せたりして）教える」と言うときに使います。

tellがことばだけで教えるのに対して，showは図をかいたり，実際に場所を見せたりして教えることを表します。

> Could you show me the way to the hospital? ♪42
> （病院への行き方を私に教えてくださいませんか。）
>
> She showed me how to cook.
> （彼女は料理のしかたを私に教えてくれました。）

◆くわしく **show の語形変化**

3単現：shows
ing形：showing
過去形：showed
過去分詞：showed,
　　　　　shown [ʃoun]

道をたずねる表現では，teach は使わないよ。

☑ チェック問題

次の＿＿に適する語を入れましょう。

(1) 駅へ行く道を教えてください。

　　Please ＿＿＿＿＿ me the way to the station.

(2) 山田先生は私たちに理科を教えています。

　　Mr. Yamada ＿＿＿＿＿ us science.

(3) あなたの電話番号を教えてくれませんか。

　　Can you ＿＿＿＿＿ me your phone number?

解答

(1) tell[show]

(2) teaches
　　▶3単現の形にする。

(3) tell

中学生のための
勉強・学校生活アドバイス

同じ問題集を何度もやろう

「あれ？ 秋穂，問題集全然やってないな。真っ白じゃん。」

「失礼ね〜。私は問題集に書き込んでないだけで，ノートに解いてるの。」

「なんでノート使うの？ めんどくさくない？」

「問題集を何度も解き直すためだよ。書き込んじゃうと1回しか使えないけど，こうやってノートに解けば，何度も使えるでしょ。」

「え？ 同じ問題集を何度も解くのかよ。そんなに解きたいんだったら別の問題集を使えばいいのに…。」

「秋穂は勉強を確実に自分のものにしてる

ね。一度間違えた問題を，解き直すだけでは不十分。**違う日にやったときに解けるようになっている**，ということが大事なんだ。」

「そうなんです！ **テスト前に全部の問題が解けるようになるまで，問題集を3回は繰り返します。**」

「す，すごいな…。俺，3回もやるの無理かも…。」

「同じ問題集を何度も解くのは，たくさんやりたくない人にこそ，オススメだよ。全部の問題を解き直してほしいけど，**時間がないときは過去に間違えた問題だけでもいい**よ。問題集に"✔マーク"を書き込んでおけば，次にやるときにわかるよね。」

丸つけした後，間違えた問題に✔をつけておく。

問題集に書き込むのはチェックのみ！

12章

入試対策・会話表現

買い物の場面で使われる会話表現です

1 ほしいものを伝える

Clerk : Can I help you? ♪01
Ann : Yes, please.　I'm looking for a T-shirt.

〈会話の意味〉
店員：いらっしゃいませ[お手伝いしましょうか]。
アン：はい。Ｔシャツをさがしています。

2 試着したいとき

Clerk : How about this one? ♪02
Ann : Can I try it on?
Clerk : Sure.

〈会話の意味〉
店員：これはいかがですか。
アン：試着してもいいですか。
店員：もちろんです。

3 サイズなどが合わないとき

Ann : Please show me that red one. ♪03
Clerk : Here you are.
Ann : This is too small for me.　Do you have a bigger one?
Clerk : How about this one?

〈会話の意味〉
アン：あの赤いのを見せてください。
店員：はい，どうぞ。
アン：これは私には小さすぎます。もっと大きいのはありますか。
店員：こちらはいかがですか。

S スピーキング いらっしゃいませ

・Can I help you?
（いらっしゃいませ。）
店員が客に話しかける決まり文句。
What would you like?（何が
ほしいですか。）とたずねることも
あります。
・I'm looking for ～.
（～をさがしています。）
I'd like ～.（～がほしいのです
が）と言うこともできます。

S スピーキング 断るとき

・I'm just looking.
「見ているだけです」と，店員の接
客を断るときはI'm just looking.
と言います。

くわしく 店での会話

　店にあるかどうかをたずねるとき
は，Do you have ～? と言いま
す。I'd like a red one.（赤い
のがほしいです。）のように言うこ
ともできます。

　a bigger one は「もっと大き
いもの」，a smaller one なら「も
っと小さいもの」，a cheaper
one なら「もっと安いもの」とい
う意味になります。

4 値段をたずねる

Ann : I like this. How much is it? ♪ 04
Clerk : It's 20 dollars.
Ann : OK. I'll take it.

〈会話の意味〉
アン：これがいいです。おいくらですか。
店員：20ドルです。
アン：わかりました。それをいただきます。

5 ハンバーガーショップで注文する

Clerk : Hello. Can I help you? ♪ 05
Ann : Yes. I'll have a hamburger and a cola.
Clerk : What size cola would you like?
Ann : Small, please.
Clerk : For here or to go?
Ann : For here.
Clerk : Anything else?
Ann : No. That's all. Thank you.

〈会話の意味〉
店員：いらっしゃいませ[お手伝いしましょうか]。
アン：はい。ハンバーガー1つとコーラをください。
店員：どのサイズのコーラにしますか。
アン：小です。
店員：ここでめしあがりますか，お持ち帰りですか。
アン：ここで食べます。
店員：ほかにいるものはありますか。
アン：ありません。それだけです。ありがとう。

 いくらですか

・How much is it?
（いくらですか。）
値段をたずねるときの言い方。

・I'll take it.
（それをいただきます。）
商品を購入するときの言い方。

～をください

・I'll have ～.
（～をいただきます。）
レストランなどで，食べ物を注文するときに使われる表現。
Can I have ～? もよく使われます。

・For here or to go?
（ここでめしあがりますか，お持ち帰りですか。）
for here は「ここで食べる」，to go が「持ち帰る」を表しています。

2 電話

電話での応答で使われる会話表現です

1 電話をかける

Ken : Hello? ♪06

Ann : Hello. This is Ann.
Can I speak to Ken, please?

Ken : Oh, hi Ann. It's me. What's up?

〈会話の意味〉
健 ：もしもし。
アン：もしもし。アンです。健さんをお願いします。
健 ：あ，やあ，アン。僕だよ。どうしたの？

2 伝言を頼む

Mr. Green : I'm sorry, but she is out. ♪07

Ann : Can I leave a message?

Mr. Green : Sure.

Ann : Could you tell her to come to my house at two tomorrow?

Mr. Green : OK. Your house at two. Is that all?

Ann : Yes. Thank you.

〈会話の意味〉
グリーンさん：あいにく，彼女は外出しています。
アン ：伝言をお願いできますか。
グリーンさん：いいですよ。
アン ：明日２時に，私の家に来るように伝えてもらえますか。
グリーンさん：わかりました。あなたの家に２時ですね。それだけですか。
アン ：はい。ありがとう。

スピーキング ～をお願いします

・This is ～ (speaking).
（こちらは～です。）
電話で自分の名前を言うときの決まり文句。
・Can[May] I speak to ～, please?
（～をお願いします。）
電話で話したい人に取りついでもらうときの表現。

スピーキング 私です。

It's me.（私だよ。）はカジュアルな言い方。フォーマルな会話だとSpeaking.（私です。）

スピーキング 伝言を頼む

・Can I leave a message?
（伝言をお願いできますか。）
伝言を頼むときの表現。
leave a message で「伝言を残す」の意味。
ほかに，Could[Would] you give her a message?（彼女に伝言をしてもらえますか。）や，Could[Would] you tell[ask] her to ～?（彼女に～するように言って[頼んで]もらえますか。）などと言うこともできます。

228

3　伝言を受ける

> *Mr. Green* : I'm sorry, but she is out. ♪08
> 　　　　　 Can I take a message?
> *Ann*　　 : Yes, please.　Could you tell her I'll call her
> 　　　　　 at five?
> *Mr. Green* : OK.　At five.

〈会話の意味〉
グリーンさん：あいにく，彼女は外出しています。伝言を受けましょうか。
アン　　：お願いします。5時に電話すると彼女に伝えてもらえますか。
グリーンさん：わかりました。5時ですね。

4　あとでかけなおす

> *Mr. Green* : Do you want her to call you back? ♪09
> *Ann*　　 : No, thank you.　I'll call back later.
> *Mr. Green* : OK.　Bye, Ann.

〈会話の意味〉
グリーンさん：彼女に折り返し電話をしてほしいですか。
アン　　：いいえ，結構です。あとでかけなおします。
グリーンさん：わかりました。さようなら，アン。

5　その他の表現

May I have your name?	（どちらさまですか。）♪10

I'm sorry, but you have the wrong number.	
	（失礼ですが，番号がちがっています。）

Hold on, please.	（ちょっと待ってください。）

I have to hang up now.	（もう切らなくちゃ。）
Thank you for calling.	（電話をくれてありがとう。）

くわしく ▶ 伝言を受ける

・Can I take a message?
（伝言を受けましょうか）
Do you want to leave a message?（伝言を残したいですか。）や，Would you like to leave a message?（伝言を残したいですか。）という言い方もあります。

　折り返す

・I'll call back later.
（あとでかけなおします。）
折り返し電話をするときの表現。call（人）backで，「（人に）折り返し電話をかける」

　電話での応対

May I have your name?は相手の名前を聞くときの表現。Who are you?「あなたはだれですか？」などと言うのは失礼にあたります。

3　道案内

道案内の場面で使われる会話表現です

1　道順をたずねる・教える

Woman : Excuse me.　♪11
　　　　Could you tell me the way to the station?

Ken　 : Sure.　Go down this street and turn right at the second corner.
　　　　You'll see it on your left.

Woman : Thank you.

Ken　 : You're welcome.

〈会話の意味〉
女性：すみません。駅へ行く道を教えてくれますか。
健　：いいですよ。この通りを行って，2つ目の角を右に曲がってください。
　　　左手に見えます。
女性：ありがとうございます。
健　：どういたしまして。

2　その他の表現（道順）

♪12

Where is the castle?　　　　　（お城はどこにありますか。）
How can I get to the library?（図書館はどのようにして行けますか。）
Do you know how to get to the hospital?
　　　　　　　　　　　　　　（病院への行き方を知っていますか。）
I'm looking for the bus stop.　　（私はバス停を探しています。）

I'm a stranger here.　　　　（私はこのあたりはよく知りません。）

Walk three blocks.　　　　　（3ブロック歩いてください。）
It's across from a restaurant.（それはレストランの向かいにあります。）
You can't miss it.　　　　　（すぐにわかります［見逃しません］。）

S スピーキング　曲がる場所

・Could you tell me the way to ～? （～への道順を教えてくれますか。）
Please tell[show] me the way to ～. と言うこともできる。
・Turn right[left].
　（右[左]に曲がってください。）
道順を教えるときは命令文で言います。
曲がる場所は，at the third traffic light（3つ目の信号で）やat the bank（銀行のところで）などの形で表します。

発展　道のたずね方

・Where am I on this map?
　（私はこの地図のどこにいますか。）
地図を広げて，地図上のどこにいるかとたずねる表現。
　I'm a stranger here. の stranger は「見知らぬ人」「不案内な人」。直訳をすれば，「私はここでは見知らぬ人です」となり，そのあたりの地理にくわしくないということを表します。

S スピーキング　すぐにわかります

・You can't miss it.
　（すぐにわかりますよ。）
You'll find it easily.（簡単に見つかります。）とも言います。

③ 乗り物での行き方をたずねる

Man	: Excuse me. ♪13
	Which train goes to ABC Airport?
Sakura	: Take the Chuo Line.
Man	: Where should I get off?
Sakura	: Kuko-mae Station.

〈会話の意味〉
男性　：すみません。どの電車がABC空港へ行きますか。
さくら：中央線に乗ってください。
男性　：どこで降りればいいですか。
さくら：空港前駅です。

④ 所要時間をたずねる

Man	: How long does it take? ♪14
Sakura	: I think it'll take about fifteen minutes.

〈会話の意味〉
男性　：どれくらい時間がかかりますか。
さくら：15分ぐらいだと思います。

⑤ その他の表現（乗り物）

Does this bus go to the museum? ♪15
（このバスは博物館へ行きますか。）

Where should I change trains?
（どこで電車を乗りかえればいいですか。）

The station is the third stop.　（その駅は3つ目です。）
Take Bus No. 10.　（10番のバスに乗ってください。）
Change to the Tozai Line.　（東西線に乗りかえてください。）

スピーキング どの電車

・Which train goes to ～?
（どの電車が～へ行きますか。）
which train は「どの電車」とたずねる言い方。「どの線」とたずねるときは，which line を使います。

・Which line should I take to go to Tokyo Station?
（東京駅へ行くにはどの線に乗ればいいですか。）

くわしく take

・How long does it take?
（どれくらい時間がかかりますか。）
所要時間をたずねる表現。この take は「（時間が）かかる」。
ほかに，「（乗り物に）乗って行く」という意味もあります。

テストで注意 change trains

・Where should I change trains?
（どこで電車を乗りかえればいいですか。）
change trains は「電車を乗りかえる」。trains と複数形にします。

12章／入試対策　会話表現

4 提案する・誘う

提案したり，誘ったりする表現とその応答です

1 映画に誘う

Sakura : I have two tickets for this movie. ♪ 16
　　　　 Would you like to go see it with me tomorrow?
Bill　 : I'd love to.　I've wanted to see this.
　　　　 What time do you want to meet?
Sakura : Let's meet at the station at 2:00.
Bill　 : OK.　I can't wait.　See you tomorrow.

〈会話の意味〉
さくら：この映画のチケットが2枚あるの。明日私と見に行かない？
ビル　：ぜひ行きたいよ。これ，見たかったんだ。何時に会いたい？
さくら：駅で2時に会いましょう。
ビル　：大丈夫だよ。待ち遠しいな。じゃあ，明日ね。

2 提案する

♪ 17

Sakura : Do you want to play tennis with me tomorrow afternoon?
Bill　 : I'm sorry, but I can't. I have to visit my grandmother.
Sakura : Then how about next Saturday?
Bill　 : Next Saturday is good.
　　　　 I'm looking forward to playing tennis with you.

〈会話の意味〉
さくら：明日の午後，私とテニスをしない？
ビル　：残念だけど，だめなんだ。祖母を訪問しなきゃいけないんだ。
さくら：じゃあ，次の土曜日はどう？
ビル　：大丈夫だよ。君とテニスをするのが楽しみだよ。

S スピーキング ていねいに誘う

・Would you like to ～?
（～したいですか。）
ていねいに誘う表現。Do you want to ～? のていねいな言い方。

参考 Let's ～.の応答

・Let's ～.
（～しましょう）
Let's ～.などには，Sure.（いいよ。）などのほかに，Yes, let's.（はい，そうしましょう。）や，No, let's not.（いいえ，よしましょう。）やI'm sorry I can't.（すみませんが，できません。）などで応じることもある。

発展 ～はどうですか?

・How about ～?
（～はどうですか。）
意見や感想を求める言い方で，提案を表している。あとに動詞がくるときは動名詞の形にする。

・How about going to the movies? — Sounds great.
（映画に行くのはどうですか。— いいですね。）

232

5　依頼する・許可を求める

依頼したり，許可を求めたりする表現とその応答です

1　依頼する

♪18

Sakura : Can you open the door?
Bill : Sure.　Shall I carry some of the boxes?
Sakura : No, thank you.　But, can you close the door?
Bill : Yes, of course.

〈会話の意味〉
さくら：ドアを開けてくれる？
ビル　：いいよ。その箱のいくつかを運ぼうか。
さくら：いいえ，結構です。でも，ドアを閉めてくれる？
ビル　：ああ，もちろん。

2　ていねいに依頼する表現

♪19

I got a letter from Canada.　Could you read it for me?
（カナダから手紙をもらいました。読んでもらえませんか。）

Could you help me when I write a letter in English?
（私が英語で手紙を書くときには，手伝ってもらえませんか。）

3　許可を求める表現

♪20

Can I use your bike?　（あなたの自転車を使ってもいい？）
Can I borrow this book?（この本を借りてもいい？）

S スピーキング　依頼と申し出

・Can you ～?
（～してくれますか。）
友達どうしで使われる気軽な言い方。Will you ～? も同じように使われます。
・Shall I ～?
（～しましょうか。）
「私が～しましょうか」と申し出る言い方。
Yes, please.（はい，お願いします。）やNo, thank you.（いいえ，結構です。）などと応じます。

S スピーキング　ていねいな表現

・Could you ～?
（～してくれませんか。）
Would you ～?（～してくれませんか。）と同じように，ていねいに依頼するときに使います。pleaseをつけることもあります。
Can I ～?（～してもいいですか。）は，友達などの親しい相手に許可を求める言い方です。
目上の人などに対しては，May I ～? を使います。

時間 ▶ 50分
解答 ▶ p.254

 1 【リスニング問題】　　　　　　　　　　　　　　　　　　　　♪ 01 【4点×4】

対話文を聞いて，あとの質問の答えとして適切なものを選び，その記号を○で囲みなさい。

(1)　ア　　　　　　　　　イ　　　　　　　　　ウ　　　　　　　　　エ

(2)　ア　For one hour.
　　　イ　For three hours.
　　　ウ　For five hours.
　　　エ　For six hours.

(3)　ア　　イ　　ウ　　エ

(4)　ア　I'm going to stay here for two weeks.
　　　イ　This is my first time to visit this city.
　　　ウ　I want to see your family members.
　　　エ　I want you to sleep well.

2　次の文の（　　）に適するものを下から選び，その記号を○で囲みなさい。　　　　　【2点×4】

(1)　The festival will be（　　）in July next year.
　　　ア　hold　　　　　イ　holds　　　　　ウ　held　　　　　エ　holding

(2)　I know many little boys（　　）know how to use computers.
　　　ア　he　　　　　　イ　who　　　　　ウ　whose　　　　エ　which

(3)　I like this movie the best because it always（　　）me happy.
　　　ア　makes　　　イ　has　　　　　ウ　gives　　　　エ　feels

(4)　I wish I（　　）a bird.
　　　ア　am　　　　　イ　were　　　　　ウ　can　　　　　エ　will

234

3 次の日本文に会うように，_____ に適する語を入れなさい。　　　　　　【3点×4】

(1)　ミカはレストランで何を食べるか決められませんでした。

Mika wasn't able to decide _____ _____ eat at the restaurant.

(2)　彼らは5時間ずっとテニスをし続けています。

They have _____ _____ tennis for five hours.

(3)　毎日英語を話すことがとても大切です。

_____ is very important _____ speak English every day.

(4)　あなたは英語で書かれた手紙を受け取ったことがありますか。

_____ you ever received a letter _____ in English?

4 次の(　　)内の語句を並べかえて，英文を完成させなさい。　　　　　　【4点×4】

(1)　A: Mom, it's cold today.

B: Yes, it is.　Do you (hot / something / want / to) drink?

A: Yes!　I want hot tea.

　Do you _____ drink?

(2)　A: Yuki, what's this?

B: It's orizuru, a paper crane.

A: I want to make it.　Can you (make / to / show / how / me) it?

B: Sure.

　Can you _____ it?

(3)　A: Sakura, what is your dream?

B: I want to (a scientist / to / who / be / works) solve environmental problems.

A: That's a good dream.　I hope your dream will come true.

　I want to _____ solve

environmental problem.

(4)　A: What time will the concert start tomorrow?

B: It'll start at ten in the morning.　Let's meet at nine in front of the theater.

　Kate doesn't know this.　Please (her / at / come / tell / to) nine.

A: Sure.　I'll tell her.

　Please _____ nine.

5 次の会話が成り立つように，（　　）に適するものを下から選び，その記号を○で囲みなさい。

【5点×4】

(1) *A:* You have a nice computer.　Do you often use it?

　　B: Yes.　I often use it to surf the Internet.　How about you?

　　A: (　　　)　I'm interested in comics and anime, so I often watch online videos.

　　ア　That's sounds nice.　　　　　　イ　That's too bad.

　　ウ　Yes, please.　　　　　　　　　エ　Me, too.

(2) *A:* Hi, Saya.　You got a good grade in the test last week.

　　B: Yes, Mr. Wilson.　I studied hard.

　　A: Very good.　Your English has become much better.　(　　　　)

　　B: I came here in July, so I've been here for three months.

　　ア　How long have you been here?

　　イ　How long do you study English every day?

　　ウ　When did you get full marks in my test?

　　エ　When are you going back to Japan?

(3) *A:* Akira's birthday is coming soon.　We're going to have a party for him.　Can you come?

　　B: Yes, of course.　Shall I bring something?

　　A: No, you don't have to bring anything.　We'll make a special cake for him.

　　B: Good idea.　(　　　　)

　　ア　I can invite him.　　　　　　　イ　That'll make him happy.

　　ウ　I'll bring it.　　　　　　　　　エ　He'll be happy to make us surprised.

(4) *A:* What are you doing, Aya?

　　B: Hi, Alex.　I'm writing an e-mail to my friend in London, but it is difficult for me to write it in English.

　　A: (　　　)　Please show it to me.

　　A: Oh, thank you.　It's very kind of you.

　　ア　You can do it.　　　　　　　　イ　You're good at English.

　　ウ　Can I help you?　　　　　　　エ　Can you help me?

Naomi: I went to New Zealand as an exchange student and stayed with a family for two weeks during winter vacation.

Ms. Miller: Oh, (①) you? How was it?

Naomi: It was great. I went to a high school, and studied with students there. Also we visited some large farms which kept a lot of sheep. I've never seen so many sheep.

Ms. Miller: How about your host family?

Naomi: They were very kind and friendly. I talked a lot with them.

Ms. Miller: That's nice. Were you able to understand their English?

Naomi: At first, I couldn't understand their words, but I could understand little by little after a week. However, I couldn't speak well.

Ms. Miller: I see. It's hard to talk in English. Do you want to study English hard?

Naomi: Yes. I will study English hard and I want to go there again.

Ms. Miller: The experience you had in New Zealand gave you a motivation to study English hard. You'll be able to speak English well soon. Good luck.

(注)motivation：動機

(1) （ ）に適する語を下の**ア〜エ**から選び，記号を○で囲みなさい。 【4点】

　　ア are 　　　　　**イ** were 　　　　　**ウ** do 　　　　　**エ** did

(2) 次の質問に3語以上の英語で答えなさい。 【5点×2】

　① How long did Naomi stay in New Zealand?

　② Were Naomi's host family kind to her?

(3) 本文の内容と一致するものを2つ選び，記号を○で囲みなさい。 【7点×2】

　　ア Naomi stayed with a family in New Zealand last winter.

　　イ Naomi visited some farms, but she couldn't see sheep.

　　ウ Naomi couldn't understand the class at school.

　　エ It was difficult for Naomi to speak English well.

　　オ Naomi is going to visit New Zealand next year.

いろいろな品詞の整理

いろいろな品詞の働きの整理

英語の単語は，文中での働きによっていくつかの種類にグループ分けすることができ，その区分けを品詞といいます。英語の単語は10品詞に分類できます。それぞれの働きを整理します。

品詞名	例	働き
名詞	cat （ねこ） boy （男の子） water （水） music （音楽） Japan （日本） Tom （トム）	**物や人の名前を表す語**です。 　a cat, two catsのように「1つ，2つ…」と数えられる名詞（可算名詞）と，waterのように数えられない名詞（不可算名詞）があります。また，JapanやTomのような国名・人名などは固有名詞と呼びます。
冠詞	a[母音の前ではan] the	**名詞の前におかれるa, an, the**です。 　a, anは「不特定の1つの物」を，theは「特定の物」を表します。
代名詞	I （私は） you （あなたは[を]） he （彼は） it （それは[を]） this （これ） something （何か）など	**名詞の代わりをする語**です。 　このうちI, you, heなどは人称代名詞と呼ばれ，文中での働きによってI（私は）— my（私の）— me（私に）のように形が変化します。

●1つの単語が，2つ以上の品詞として使われる場合もあります。

〈例〉　・Japanese 〈形容詞〉　・a **Japanese** student 　（日本人の学生）
　　　　　　　　〈名詞〉　・speak **Japanese** 　　　　（日本語を話す）

形容詞	good （よい） big （大きな） happy （幸せな） new （新しい） blue （青い） Japanese （日本の，日本人の） some （いくつかの） all （全部の）	**人や物のようすなどを説明する語**です。 　名詞（と一部の代名詞）を修飾します。「修飾する」とは，その名詞が「どんな」ものかを説明することです。 　　　　　　　　形容詞　　名詞 This is a new book .（これは新しい本です。） 　　　　　　　　　　　名詞を前から修飾 また，補語として主語のようすを表します。 　主語　　　　　形容詞 This book is new .（この本は新しい。） 　　　　　　　　　　主語を説明
副詞	well （よく，上手に） now （今） here （ここに） very （とても） usually （ふつう） also （〜もまた）	**名詞（代名詞）以外の物を修飾する語**です。 　名詞（代名詞）以外の何かを修飾する語は，すべて副詞に分類されます。 　　　　　動詞　　副詞 He cooks well .（彼は上手に料理します。） 　　　　　　　　　動詞を修飾 　　　副詞　　形容詞 I'm very happy .（私はとても幸せです。） 　　　　　　　　　形容詞を修飾
前置詞	in （〜の中に[で]） on （〜の上に[で]） at （〜のところで） to （〜へ） from （〜から） of （〜の） for （〜のために） before （〜の前に） with （〜といっしょに）	**名詞や代名詞の前におかれる語**です。 〈前置詞＋名詞[代名詞]〉の形で1つのまとまりをつくり，場所を表したり，時を表したりします。 　　　　前置詞　名詞 I live in Tokyo.（私は東京に住んでいます。） 　　　東京に 　　　　前置詞 名詞 I get up at nine.（私は9時に起きます。） 　　　　　9時に

239

動詞	am, is, are (be動詞) go （行く） play （〈スポーツなどを〉する） walk （歩く） study （勉強する） read （読む） like （好きである） have （持っている） know （知っている）	「〜する」「〜である」のように**動作や状態を表す語**です。英語の文の骨組みとなる大切な品詞です。 動詞 I play tennis. （私はテニスをします。） 〜をする be動詞（am, is, are）と，それ以外の動詞（一般動詞）とでは，疑問文・否定文のつくり方などが異なります。
助動詞	will （〜だろう） can （〜できる） may （〜してもよい） must （〜しなければならない） should （〜すべきだ）	〈助動詞＋動詞〉の形で用いて，**話し手の判断を動詞に付け加える語**です。 助動詞　動詞 I can play the piano.（私はピアノを弾くことができます。） 〜できる
接続詞	and （そして） but （しかし） or （または） so （だから） that （〜ということ） when （〜のとき） if （もし〜ならば）	**単語，句，節どうしをつなぐ語**です。 単語　接続詞　単語 I like dogs and cats .（私は犬とねこが好きです。） 〜と 句　　接続詞　　句 My keys are on the desk or in my bag . 〜か （私のかぎは机の上かかばんの中にあります。） 節　　　　接続詞　　節 My brother was cooking when I came home . 〜のとき （私が家に帰ったとき，兄[弟]は料理していました。）
間投詞	oh （おお，まあ） ah （ああ） hi （やあ）	驚きや喜びなどの**感情**や，**呼びかけ**などを表す語です。 間投詞 Oh , that's nice. （まあ，すてきね。）

動詞の語形変化表

重要動詞の過去形，過去分詞を確認しましょう。不規則な変化形は赤字になっています。

原形	3単現	過去形	過去分詞	ing 形
act（行動する）	acts	acted	acted	acting
add（加える）	adds	added	added	adding
agree（賛成する）	agrees	agreed	agreed	agreeing
answer（答える）	answers	answered	answered	answering
appear（現れる）	appears	appeared	appeared	appearing
arrive（到着する）	arrives	arrived	arrived	arriving
ask（たずねる）	asks	asked	asked	asking
be（be動詞）	am, is, are	was, were	been	being
become（～になる）	becomes	became	become	becoming
begin（始める）	begins	began	begun	beginning
believe（信じる）	believes	believed	believed	believing
borrow（借りる）	borrows	borrowed	borrowed	borrowing
break（こわす）	breaks	broke	broken	breaking
bring（持ってくる）	brings	brought	brought	bringing
brush（みがく）	brushes	brushed	brushed	brushing
build（建てる）	builds	built	built	building
burn（燃やす）	burns	burned/burnt	burned/burnt	burning
bury（埋める）	buries	buried	buried	burying
buy（買う）	buys	bought	bought	buying
call（呼ぶ）	calls	called	called	calling
carry（運ぶ）	carries	carried	carried	carrying
catch（つかまえる）	catches	caught	caught	catching
cause（原因となる）	causes	caused	caused	causing
change（変える）	changes	changed	changed	changing
check（調べる）	checks	checked	checked	checking
cheer（元気づける）	cheers	cheered	cheered	cheering
choose（選ぶ）	chooses	chose	chosen	choosing
clean（そうじする）	cleans	cleaned	cleaned	cleaning
climb（登る）	climbs	climbed	climbed	climbing
close（閉じる）	closes	closed	closed	closing

原形	3単現	過去形	過去分詞	ing 形
collect (集める)	collects	collected	collected	collecting
come (来る)	comes	came	come	coming
communicate (意思を伝え合う)	communicates	communicated	communicated	communicating
compare (比較する)	compares	compared	compared	comparing
connect (つなぐ)	connects	connected	connected	connecting
continue (続ける)	continues	continued	continued	continuing
cook (料理する)	cooks	cooked	cooked	cooking
copy (写す)	copies	copied	copied	copying
count (数える)	counts	counted	counted	counting
cover (おおう)	covers	covered	covered	covering
cry (泣く)	cries	cried	cried	crying
cut (切る)	cuts	cut	cut	cutting
dance (踊る)	dances	danced	danced	dancing
decide (決める)	decides	decided	decided	deciding
depend (頼る)	depends	depended	depended	depending
design (設計する)	designs	designed	designed	designing
develop (開発する)	develops	developed	developed	developing
die (死ぬ)	dies	died	died	dying
disappear (消える)	disappears	disappeared	disappeared	disappearing
discover (発見する)	discovers	discovered	discovered	discovering
do (する)	does	did	done	doing
draw (引く)	draws	drew	drawn	drawing
dream (夢見る)	dreams	dreamed	dreamed	dreaming
drink (飲む)	drinks	drank	drunk	drinking
drive (運転する)	drives	drove	driven	driving
drop (落とす)	drops	dropped	dropped	dropping
eat (食べる)	eats	ate	eaten	eating
encourage (勇気づける)	encourages	encouraged	encouraged	encouraging
end (終わる)	ends	ended	ended	ending
enjoy (楽しむ)	enjoys	enjoyed	enjoyed	enjoying
enter (入る)	enters	entered	entered	entering
exercise (運動する)	exercises	exercised	exercised	exercising
experience (経験する)	experiences	experienced	experienced	experiencing
explain (説明する)	explains	explained	explained	explaining

原形	3単現	過去形	過去分詞	ing 形
express（表現する）	expresses	expressed	expressed	expressing
fall（落ちる）	falls	fell	fallen	falling
feel（感じる）	feels	felt	felt	feeling
fight（戦う）	fights	fought	fought	fighting
fill（満たす）	fills	filled	filled	filling
find（見つける）	finds	found	found	finding
finish（終える）	finishes	finished	finished	finishing
fish（釣りをする）	fishes	fished	fished	fishing
fly（飛ぶ）	flies	flew	flown	flying
follow（ついていく）	follows	followed	followed	following
forget（忘れる）	forgets	forgot	forgotten/forgot	forgetting
gather（集める）	gathers	gathered	gathered	gathering
get（得る）	gets	got	got/gotten	getting
give（与える）	gives	gave	given	giving
go（行く）	goes	went	gone	going
grow（成長する）	grows	grew	grown	growing
guess（推測する）	guesses	guessed	guessed	guessing
hand（手渡す）	hands	handed	handed	handing
happen（起こる）	happens	happened	happened	happening
have（持っている）	has	had	had	having
hear（聞こえる）	hears	heard	heard	hearing
help（手伝う）	helps	helped	helped	helping
hit（打つ）	hits	hit	hit	hitting
hold（手に持つ）	holds	held	held	holding
hope（希望する）	hopes	hoped	hoped	hoping
hurry（急ぐ）	hurries	hurried	hurried	hurrying
hurt（傷つける）	hurts	hurt	hurt	hurting
imagine（想像する）	imagines	imagined	imagined	imagining
impress（感銘を与える）	impresses	impressed	impressed	impressing
improve（改善する）	improves	improved	improved	improving
injure（傷つける）	injures	injured	injured	injuring
introduce（紹介する）	introduces	introduced	introduced	introducing
invite（招待する）	invites	invited	invited	inviting
join（加わる）	joins	joined	joined	joining

原形	3単現	過去形	過去分詞	ing 形
judge （判断する）	judges	judged	judged	judging
jump （跳ぶ）	jumps	jumped	jumped	jumping
keep （保つ）	keeps	kept	kept	keeping
kid （からかう）	kids	kidded	kidded	kidding
kill （殺す）	kills	killed	killed	killing
knock （ノックする）	knocks	knocked	knocked	knocking
know （知っている）	knows	knew	known	knowing
last （続く）	lasts	lasted	lasted	lasting
laugh （笑う）	laughs	laughed	laughed	laughing
lead （導く）	leads	led	led	leading
learn （習う）	learns	learned	learned	learning
leave （去る）	leaves	left	left	leaving
lend （貸す）	lends	lent	lent	lending
lie （横になる）	lies	lay	lain	lying
like （好きである）	likes	liked	liked	liking
listen （聞く）	listens	listened	listened	listening
live （住んでいる）	lives	lived	lived	living
look （見る）	looks	looked	looked	looking
lose （失う）	loses	lost	lost	losing
love （愛する）	loves	loved	loved	loving
make （作る）	makes	made	made	making
marry （結婚する）	marries	married	married	marrying
mean （意味する）	means	meant	meant	meaning
meet （会う）	meets	met	met	meeting
miss （のがす）	misses	missed	missed	missing
mistake （誤解する）	mistakes	mistook	mistaken	mistaking
move （動く）	moves	moved	moved	moving
name （名づける）	names	named	named	naming
need （必要とする）	needs	needed	needed	needing
notice （気がつく）	notices	noticed	noticed	noticing
open （開く）	opens	opened	opened	opening
paint （（絵の具で）かく）	paints	painted	painted	painting
pass （手渡す）	passes	passed	passed	passing
perform （演じる）	performs	performed	performed	performing

原形	3単現	過去形	過去分詞	ing 形
pick（（花などを）つむ）	picks	picked	picked	picking
plan（計画する）	plans	planned	planned	planning
plant（植える）	plants	planted	planted	planting
play（（スポーツを）する）	plays	played	played	playing
point（指さす）	points	pointed	pointed	pointing
practice（練習する）	practices	practiced	practiced	practicing
prepare（準備する）	prepares	prepared	prepared	preparing
produce（生産する）	produces	produced	produced	producing
promise（約束する）	promises	promised	promised	promising
put（置く）	puts	put	put	putting
rain（雨が降る）	rains	rained	rained	raining
raise（上げる）	raises	raised	raised	raising
read（読む）	reads	read[レッド]	read[レッド]	reading
receive（受け取る）	receives	received	received	receiving
recycle（リサイクルする）	recycles	recycled	recycled	recycling
reduce（減らす）	reduces	reduced	reduced	reducing
refuse（断る）	refuses	refused	refused	refusing
remember（覚えている）	remembers	remembered	remembered	remembering
report（報告する）	reports	reported	reported	reporting
respect（尊敬する）	respects	respected	respected	respecting
rest（休息する）	rests	rested	rested	resting
return（帰る）	returns	returned	returned	returning
reuse（再利用する）	reuses	reused	reused	reusing
ride（乗る）	rides	rode	ridden	riding
ring（鳴る）	rings	rang	rung	ringing
rise（のぼる）	rises	rose	risen	rising
run（走る）	runs	ran	run	running
save（救う）	saves	saved	saved	saving
say（言う）	says	said	said	saying
score（得点する）	scores	scored	scored	scoring
see（見る）	sees	saw	seen	seeing
select（選ぶ）	selects	selected	selected	selecting
sell（売る）	sells	sold	sold	selling
send（送る）	sends	sent	sent	sending

動詞の語形変化一覧表

原形	3単現	過去形	過去分詞	ing 形
serve（給仕する）	serves	served	served	serving
set（沈む）	sets	set	set	setting
shake（振る）	shakes	shook	shaken	shaking
share（分け合う）	shares	shared	shared	sharing
shine（輝く）	shines	shone/shined	shone/shined	shining
shock（衝撃を与える）	shocks	shocked	shocked	shocking
shoot（撃つ）	shoots	shot	shot	shooting
shout（叫ぶ）	shouts	shouted	shouted	shouting
show（見せる）	shows	showed	shown	showing
sing（歌う）	sings	sang	sung	singing
sit（すわる）	sits	sat	sat	sitting
skate（スケートをする）	skates	skated	skated	skating
ski（スキーをする）	skis	skied	skied	skiing
sleep（眠る）	sleeps	slept	slept	sleeping
smell（においがする）	smells	smelled/smelt	smelled/smelt	smelling
smile（ほほえむ）	smiles	smiled	smiled	smiling
smoke（タバコを吸う）	smokes	smoked	smoked	smoking
snow（雪が降る）	snows	snowed	snowed	snowing
solve（解決する）	solves	solved	solved	solving
sound（〜に聞こえる）	sounds	sounded	sounded	sounding
speak（話す）	speaks	spoke	spoken	speaking
spell（つづる）	spells	spelled	spelled	spelling
spend（過ごす）	spends	spent	spent	spending
spread（広げる）	spreads	spread	spread	spreading
stand（立つ）	stands	stood	stood	standing
start（始める）	starts	started	started	starting
stay（滞在する）	stays	stayed	stayed	staying
stop（やめる）	stops	stopped	stopped	stopping
study（勉強する）	studies	studied	studied	studying
suffer（苦しむ）	suffers	suffered	suffered	suffering
suit（都合がよい）	suits	suited	suited	suiting
support（支える）	supports	supported	supported	supporting
surprise（驚かす）	surprises	surprised	surprised	surprising
survive（生き残る）	survives	survived	survived	surviving

原形	3単現	過去形	過去分詞	ing 形
swim（泳ぐ）	swims	swam	swum	swimming
take（取る）	takes	took	taken	taking
talk（話す）	talks	talked	talked	talking
taste（味がする）	tastes	tasted	tasted	tasting
teach（教える）	teaches	taught	taught	teaching
tell（～を言う）	tells	told	told	telling
test（試験する）	tests	tested	tested	testing
thank（感謝する）	thanks	thanked	thanked	thanking
think（考える）	thinks	thought	thought	thinking
throw（投げる）	throws	threw	thrown	throwing
tie（結ぶ）	ties	tied	tied	tying
touch（さわる）	touches	touched	touched	touching
train（訓練する）	trains	trained	trained	training
travel（旅行する）	travels	traveled	traveled	traveling
try（試す）	tries	tried	tried	trying
turn（回す）	turns	turned	turned	turning
understand（理解する）	understands	understood	understood	understanding
use（使う）	uses	used	used	using
visit（訪問する）	visits	visited	visited	visiting
wait（待つ）	waits	waited	waited	waiting
walk（歩く）	walks	walked	walked	walking
want（ほしがる）	wants	wanted	wanted	wanting
wash（洗う）	washes	washed	washed	washing
waste（むだに使う）	wastes	wasted	wasted	wasting
watch（見る）	watches	watched	watched	watching
wave（（手を）振る）	waves	waved	waved	waving
wear（身につけている）	wears	wore	worn	wearing
win（勝つ）	wins	won	won	winning
wish（願う）	wishes	wished	wished	wishing
wonder（不思議に思う）	wonders	wondered	wondered	wondering
work（働く）	works	worked	worked	working
worry（心配する）	worries	worried	worried	worrying
write（書く）	writes	wrote	written	writing

動詞の語形変化一覧表

解答と解説

1章 受け身

定期テスト予想問題 ①

p.66

1 (1) **A** (2) **C**

解説 ‥‥‥‥‥‥‥‥‥‥‥‥‥‥‥‥‥‥

(1) ♪読まれた音声 This is made of cotton. You can use this in many ways. It's usually used to wrap and carry things, such as books, a lunch box or gifts.
Question: What is the man talking about?
これは木綿でできています。これをいろいろな方法で使えます。ふつうは，本，弁当や贈り物のようなものを包んで運ぶために使われます。
質問：男性は何について話していますか。

(2) ♪読まれた音声 *A:* Jackson, is English spoken in your country?
B: Yes, it is.
A: Is Spanish spoken there, too?
B: No, it's not.
A: How about French?
B: Yes, it's used by many people.
Question: What language is used in Jackson's country?
A: ジャクソン，あなたの国では英語は話されていますか。
B: はい。
A: スペイン語も話されていますか。
B: いいえ。
A: フランス語はどうですか。
B: はい，それは多くの人によって使われています。
質問：ジャクソンの国では何語が使われていますか。

2 (1) **ウ** (2) **エ** (3) **ア** (4) **イ**

解説 ‥‥‥‥‥‥‥‥‥‥‥‥‥‥‥‥‥‥

(1) This roomが主語なので受け身の文にする。「この

部屋は毎日そうじされます」。

(2) inviteは「招待する」という意味。Weが主語だがあとに目的語がなく，last Saturdayとあるので，過去の受け身の文にする。「私たちはこの前の土曜日，パーティーに招待されました」。

(3)「日本語」が主語でstudiedがあとにあるので，受け身の疑問文にする。「オーストラリアのあなたの学校では，日本語が勉強されていますか」。

(4) this keyが主語であとにfoundがあるので，受け身の文にする。「このかぎはどこで見つけられましたか」。

3 (1) **played** (2) **sung** (3) **made** (4) **held**

解説 ‥‥‥‥‥‥‥‥‥‥‥‥‥‥‥‥‥‥

(1)～(4) be動詞があることから進行形の文と受け身の文が考えられるが，主語と動詞の関係からすべて受け身の文にする。 (1)「バスケットボールは5人の2つのチームによってプレーされています」。 (2)「この歌はボブの姉[妹]によって歌われました」。 (3)「この車は日本で作られていますか[日本製ですか]」。 (4)「次のオリンピックはどこで開催されますか」。

4 (1) **is called** (2) **are written** (3) **was taken** (4) **be read**

解説 ‥‥‥‥‥‥‥‥‥‥‥‥‥‥‥‥‥‥

(1)「呼ばれている」は現在の受け身の文。「～と呼ぶ」はcall。

(2)「書かれている」は受け身で表す。writeの過去分詞はwritten。

(3) 過去の受け身の文にする。takeの過去分詞はtaken。

(4) 未来の受け身の文。〈will be＋過去分詞〉の形にする。readの過去分詞はread [red レッド]。つづりは原形と同じだが発音が異なる。

5 (1) The boy was taken to a hospital.
(2) This computer is not made in Japan.
(3) When was this letter sent to him?
(4) How many languages are spoken in (India?)

解説
(1)「～へ運ばれた」は，過去の受け身の文 was taken to ～で表す。
(2)「日本製ではない」は「日本で作られていない」と考える。「日本製」は made in Japan で表す。
(3) this letter が主語で，When のあとに受け身の疑問文を続ける。
(4) How many languages（いくつの言語）が主語。あとは受け身の文にする。

6 (例)(1) Kyoto is visited by many[a lot of] foreign people every year.
(2) What is this flower called in English?

解説
(1) Kyoto を主語にして visit（～を訪問する）の受け身の文にする。「外国人」は foreign people。
(2)「～は何と呼ばれていますか」は What is[are] ～ called? で表す。「英語で」は in English。

2章 現在完了形

定期テスト予想問題 ②   p.89

1 (1) C (2) B

解説
(1) ♪読まれた音声 *Mother:* Nick, what are you doing? Your grandmother is coming in a few hours.
Nick: I'm reading.
Mother: I've cleaned the living room and washed the dishes. I'm going to go shopping and prepare for dinner now. Have you finished cleaning your room?
Nick: No, not yet.
Mother: Finish it now.
Nick: OK, Mom. I will.
Question: What is Nick going to do now?

母：ニック，何をしているの？　おばあさんが2，3時間後に来ますよ。
ニック：本を読んでるよ。
母：私はリビングルームを掃除して，食器を洗ったわよ。今から，買い物に行って夕食の準備をするの。あなたは部屋の掃除は終わったの？
B: いいえ，まだです。
A: 今，してしまいなさい。
B: わかった，お母さん。するよ。
質問：ニックは今，何をするつもりですか。

(2) ♪読まれた音声 *A:* Lisa, how long have you been in Japan?
B: Hi, Ichiro. I've been here for a month.
A: Is this your first time to come to Japan?
B: No. I've been here twice before, so this is my third time.
A: Oh, really? What countries have you been to?
B: I've been to Australia twice and the U.K. once.
A: That's great. What country do you like the best?
B: That's a difficult question, but I like Japan a lot.
Question: How many times has Lisa been to Australia?

A: リサ，あなたはどれくらい日本にいますか。
B: こんにちは，イチロウ。私はここに1か月います。
A: 日本に来たのはこれが初めてですか。
B: いいえ。以前に2回来たことがあります。これが3度目です。
A: ほんとう？　今までにどの国に行ったことがありますか。
B: オーストラリアに2回，イギリスに1回行ったことがあります。
A: すごい。どの国がいちばん好きですか。
B: それは難しい質問ですが，日本は大好きですよ。
質問：リサはオーストラリアに何回行ったことがありますか。

2 (1) エ (2) イ (3) ウ (4) ア

解説
(1) My sister が主語で，あとに her room が続くので，受け身ではなく現在完了形の文にする。「姉[妹]は部屋をそうじしたところです」。

(2) 文の終わりに last week（先週）という語があるので過去の文にする。「私たちは先週，奈良に行きました」。

(3) あとの動詞 visit が原形なので，現在完了形の文にはならない。「あなた（たち）はいつ北海道を訪れましたか」という過去の文にする。

(4) for a long time で「長い間」。「私は長い間このかばんがほしかったのです」。

③ (1) **used** (2) **done** (3) **known** (4) **eaten**

解説 ‥‥‥‥‥‥‥‥‥‥‥‥‥‥‥‥‥‥‥

(1)〜(4) 前の have, has と for 〜, just, since, before などの語句から現在完了形の文と考えて，すべて過去分詞にかえる。日本語訳は，(1)「私の兄[弟]はこの机を10年間使っています」。 (2)「私はちょうど宿題をしたところです」。 (3)「私は彼女が子どものころから彼女を知っています」。 (4)「トムは以前，たこやきを食べたことがあります」。

④ (1) **Have, played** (2) **has, gone**
   (3) **been reading** (4) **seen[met], times**

解説 ‥‥‥‥‥‥‥‥‥‥‥‥‥‥‥‥‥‥‥

(1) 現在完了形の疑問文は have[has] で文をはじめる。

(2) 主語が Ken なので〈has + 過去分詞〉の形。「寝る」は go to bed。go の過去分詞は gone。

(3)「3時間ずっと読んでいる」は現在完了進行形〈have been + ing 形〉で表す。

(4)「〜回」は〜 times で表す。

⑤ (1) **Steve has not bought the camera yet.**
   (2) **I've been interested in Japanese culture since (then.)**
   (3) **How many times have you written a letter in English?**
   (4) **I think the train has already left (the station.)**

解説 ‥‥‥‥‥‥‥‥‥‥‥‥‥‥‥‥‥‥‥

(1)「まだ〜を買っていない」は，現在完了形（完了）の否定文 has not bought 〜 yet で表す。

(2) 現在完了形の継続の文。「〜に興味がある」は be interested in 〜。「それ以来」は since then。

(3) 回数は How many times でたずねる。「英語で」は in English。

(4)「すでに出発した」は現在完了形（完了）の文。the train has already left とする。

⑥ **(例)**(1) **How long have you been in Japan?**
   (2) **I have seen this movie once.**

解説 ‥‥‥‥‥‥‥‥‥‥‥‥‥‥‥‥‥‥‥

(1) 問題文は「あなたはどれくらいの間，日本にいますか」と考えて，How long で始まる現在完了形（継続）の疑問文にする。

(2) 現在完了形の経験の文にする。seen は watched でもよい。「一度」という意味の once はふつう文の終わりにおく。

3 章 助動詞

定期テスト予想問題 ③　　　　　　　p.111

① (1) **ウ** (2) **イ** (3) **イ** (4) **ア**

解説 ‥‥‥‥‥‥‥‥‥‥‥‥‥‥‥‥‥‥‥

(1)「〜しなければならない」は must。

(2)「〜かもしれない」は may。

(3)「〜したほうがよい」は should。

(4)「〜してもよいか」は Can I 〜? か May I 〜? で表す。

② (1) **エ** (2) **ア** (3) **ウ**

解説 ‥‥‥‥‥‥‥‥‥‥‥‥‥‥‥‥‥‥‥

(1)「宿題が終われば」という条件があるので，may を入れて，「友達と買い物に行ってもよい」と許可を表す文にする。

(2)「家に帰ってもよい」と続くので，「あなたはここにいる必要はありません」という意味の文にする。

(3)「昼食を料理しましょうか」の答えの文だが，空所のあとに「私は空腹です」と続くので，申し出に対して「はい，お願いします」という意味の文を選ぶ。

③ (1) **has to** (2) **Shall we** (3) **Would, like**

解説 ‥‥‥‥‥‥‥‥‥‥‥‥‥‥‥‥‥‥‥

(1) must を have to に書きかえるが，主語が3人称単数なので，has to にする。

(2)「放課後サッカーをしましょう」と誘う文。「（いっしょに）〜しましょうか」は Shall we 〜? に書きかえ

るることができる。

(3) Why don't you ~?は「~しませんか」と相手に提案する文。Would you like to ~?に書きかえることができる。Do you want to ~?としてもよい。

【4】 (1) **can swim** (2) **Shall I**
(3) **had to** (4) **Would you**

解説

(1)「~できる」はcan。あとの動詞は主語に関係なく原形にする。
(2)「(私が)~しましょうか」は，Shall I ~?と言う。
(3)「~しなければならなかった」は，have toを過去形にする。
(4)「~はいかがですか」と相手にものをすすめるときは，Would you like ~?と言う。

【5】 (1) **Would you like to have lunch (with us?)**
(2) **You don't have to get up early (tomorrow morning.)**
(3) **Where shall I put these books?**
(4) **You'll be able to speak English well.**

解説

(1)「~しませんか」と提案する文は，Would you like to ~?で表す。
(2)「~しなくてもよい」はdon't have to ~。「早く起きる」はget up early。
(3)「~しましょうか」はShall I ~?だが，その前にWhere（どこ）がくるので注意。
(4)「~できる（ようになる）でしょう」はwill be able to ~で表す。

【6】 (例)(1) **Can[Could, Will, Would] you help me with my homework?**
(2) **Can[May] I speak to Kate (, please)?**

解説

(1)「~してくれませんか」と頼むときは，Can you ~?と言う。「私の宿題を手伝う」はhelp me with my homework。×help my homeworkとは言わないので注意しよう。
(2)電話で「~をお願いします」は，Can[May] I speak to ~（, please)?と言う。

定期テスト予想問題 ④ 　　　　p.141

【1】 (1) **D** (2) **A**

解説

(1) ♪読まれた音声 *A:* Mark, please come in.
B: Saki, you have a nice room. Oh, this picture is beautiful. I like it a lot.
A: Thank you. It's my favorite. I painted it.
B: Oh, you are a good painter. Do you take painting lessons?
Question: What will Saki say next?
A: マーク，入って。
B: サキ，素敵な部屋ですね。おお，この絵は美しいです。私は大好きです。
A: ありがとう。私のお気に入りなの。私が描いたのよ。
B: おお，絵が上手ですね。絵のレッスンを受けているの？
質問：サキは次に何と言うでしょうか。
（選択肢の意味）
A　はい。父が去年，それを描きました。
B　はい。父は私にピアノを上手に弾くように言います。
C　いいえ，しかし，父は私にカメラを買ってくれました。
D　いいえ，しかし，父が私に絵の描き方を教えてくれました。

(2) ♪読まれた音声 *A:* Yuta, are you free tomorrow?
B: Hi, Sarah. I'm going to play tennis in the morning.
A: I see. In the afternoon, I'm going to the library to get some books about Japanese culture. Can you go with me?
B: No problem. How about meeting at 2:00 in the afternoon?
A: That's good. I'll go to your house.
B: OK. See you tomorrow.
Question: Why will Sarah come to Yuta's house tomorrow?
A: ユウタ，明日ひま？

解答と解説

B: やあ，サラ。午前中はテニスをする予定なんだ。

A: わかった。私は午後に日本文化についての本を手に入れるために図書館に行く予定なの。一緒に来てくれる？

B: いいよ。午後2時に会うのはどうかな？

A: いいわ。私はあなたの家に行くね。

B: わかった。じゃあ，明日。

質問：なぜサラは明日，ユウタの家に行きますか。

（選択肢の意味）

A　なぜなら，彼女はユウタに一緒に図書館に行ってほしいから。

B　なぜなら，彼女はユウタに日本語を教えてもらいたから。

C　なぜなら，彼女はユウタと一緒に図書館で勉強したいから。

D　なぜなら，彼女はユウタとテニスをしたいから。

[2] (1) イ　(2) ア　(3) ウ　(4) エ　(5) ア

解説

(1) to help ～のかわりをするItを主語にして，It … to ～.の文にする。「おたがいに助け合うことは大切です」。

(2) the first month of the yearとJanuaryがイコールの関係になっていることに注目する。「私たちは1年の最初の月を英語でJanuaryと呼びます」。

(3) him＝happyの関係になるのでSVOCの文にする。「あなたのプレゼントは彼をうれしくするでしょう」。

(4)「この石は私にとって動かすには重い」に補うので，「～すぎる」という意味のtooを入れる。「この石は重すぎて私には動かせません」。

(5) how to ～で「～のしかた」。「私はこのテレビゲームのやり方を知りませんでした」。

[3] (1) how to　(2) not to
    (3) made us　(4) help, cook[make]

解説

(1)「～の使い方」はhow to use ～。

(2)「～しないように頼む」は〈ask 人 not to ～〉の形。〈ask 人 to not ～〉とすることもある。

(3)「その知らせが私たちをうれしくしました」という文にする。

(4)「人が～するのを手伝う」は，〈help＋人＋動詞の原形〉の形にする。

[4] (1) It's exciting to watch a soccer game (on TV.)
    (2) I haven't decided what to say yet.
    (3) This song always makes me sad.
    (4) (I don't) want you to show him the picture(.)

解説

(1) It … to ～.の文。

(2)「何を言うか」はwhat to say。「まだ決めていない」は現在完了形の文にする。

(3)「私を悲しくさせる」はmakes me sadの語順。

(4) want you to ～（あなたに～してほしい）の否定文。「彼にその写真を見せる」はshow him the picture。

[5] (例)(1) What do your friends call you?
    (2) It's difficult[hard] for me to write a letter in English.

解説

(1) 受け身の文のWhat are you called by your friends?とすることもできる。

(2) It … for - to ～.の文。「英語で手紙を書く」はwrite a letter in English。

6 章 / 7 章　名詞を後ろから修飾する語句 / 関係代名詞

定期テスト予想問題⑤　　　　　　　　　　p.165

[1] (1) A　(2) C

解説

(1) [♪読まれた音声] I went to the zoo with my family last Sunday. My little sister, Kate, likes animals. She likes an animal that has red eyes and long ears. She also likes an animal that has a long nose and big ears. It's the biggest animal in the zoo. She likes the biggest one the best.
Question: Which animal does Kate like the best?
私はこの前の日曜日に，家族と動物園に行きまし

た。妹のケイトは動物が好きです。彼女は赤い目を
して耳の長い動物が好きです。彼女はまた長い鼻
で，大きな耳の動物も好きです。それは動物園でい
ちばん大きな動物です。彼女はいちばん大きいのが
いちばん好きです。
質問：ケイトはどの動物がいちばん好きですか。

(2) ♪読まれた音声 *A:* Cathy, look at the tall girl talking
with Sam.
B: The girl sitting on the chair?
A: No.　I mean the girl who has a book in her
hand.　She is the girl who came to our school
last month.
Question: Which girl are they talking about?
A: キャシー，サムと話している背の高い女の子を
見て。
B: 椅子にすわっている女の子？
A: いいえ。私が言っているのは，手に本を持って
いる女の子だよ。彼女が先月，私たちの学校に来
た女の子だよ。
質問：彼らはどの女の子について話していますか。

2 (1) **エ** (2) **ウ** (3) **ア** (4) **イ** (5) **イ**

解説 ･･････････････････････････････････
(1) that girl（あの女の子）と選択肢の動詞singの関
係を考えて，singを現在分詞にして，singing ～（歌
を歌っている）が前のthat girlを修飾する形にする。
「あの木の下で歌を歌っている女の子をごらんなさい」
という文。
(2) a temple（寺）と選択肢の動詞buildの関係を考え
て，寺は建てられるので，buildを過去分詞にして，
built about 500 years ago（約500年前に建てられた）
が前のa templeを修飾する形にする。「これは約500
年前に建てられたお寺です」。
(3) 先行詞がa girl（人）なのでwhoを選ぶ。「私は３
か国語を話す女の子を知っています」。
(4) 先行詞がa restaurant（もの）なのでwhich。「彼
は私たちを若い人の間で人気のレストランに連れてい
きました」。
(5) あとの動詞visitedに合う主語はthe parkではない
ので，関係代名詞のwhichは入らない。ここはvisited
の主語になるweを選ぶ。「あなたは先月私たちが訪
れた公園を覚えていますか」。

3 (1) **I met[saw]** (2) **who[that] came**
　　(3) **made in** (4) **swimming, is**

解説 ･･････････････････････････････････
(1)「私が昨日会った」が後ろから「男の子」を修飾す
る形にする。〈主語＋動詞〉が入るので関係代名詞は
省略できる。
(2)「昨日ここに来た」が後ろから「女の子」を修飾す
る形。〈関係代名詞＋動詞〉が入る。
(3)「日本製」は過去分詞を使って「日本で作られた」
とする。
(4)「あそこで泳いでいる男の子」を，〈現在分詞＋語
句〉を使って表す。あとの動詞は主語のthe boyに合
わせてisにする。

4 (1) **Who is the boy standing between Mary**
and (Tom?)
　　(2) **A girl called Atchan came to see you.**
　　(3) **She is the nurse who takes care of my**
grandmother.
　　(4) **Is there anything we can do for (the**
earth?)

解説 ･･････････････････････････････････
(1) standing between Mary and Tom（メアリーとト
ムの間に立っている）がthe boyを後ろから修飾する
形にする。
(2) called Atchan（あっちゃんと呼ばれている）がa
girlを後ろから修飾する形にする。
(3) who takes care of my grandmother（私の祖母の
世話をしてくれる）がthe nurseを後ろから修飾する
形にする。
(4) we can do for the earth（私たちが地球のために
できる）がanythingを後ろから修飾する形にする。

5 **(例)**(1) **These are (the) pictures (which[that]**
were) taken in Hokkaido last year.
　　(2) **This is a[the] bag (which[that]) my**
mother bought (for) me.

解説 ･･････････････････････････････････
(1) These are pictures（これらは写真です）のあとに
「去年，北海道で撮られた」の部分をつけ加える。関
係代名詞とbe動詞（which[that] were）を省略して，

〈過去分詞＋語句〉が直接，前の名詞を修飾する形に
してもよい。

(2) This is a bag（これはバッグです）のあとに「母
が私に買ってくれた」の部分をつけ加える。関係代名
詞（which[that]）は省略してもよい。

8章／9章 文の中の疑問文／仮定法とその他の学習事項

定期テスト予想問題 ⑥
p.186

1 (1) **ア** (2) **ア** (3) **イ**

解説 ··································

(1) isの否定の短縮形のisn'tと主語の代名詞がくる。

(2)「スミスさんがどこに住んでいるか知っていますか」という文。

(3)〈I wish＋主語＋動詞の過去形〜.〉で仮定法の文にする。「今日が土曜日だったらいいのになあ」という文。

2 (1) **nothing to** (2) **she is**
  (3) **Few children** (4) **What an**

解説 ··································

(1) have nothingで（何も持っていない）という意味になる。

(2) whoのあとは〈主語＋動詞〉の語順。

(3) 数えられる名詞について「ほとんど〜ない」はfewで表す。

(4) あとに名詞があるのでWhatの感嘆文にする。冠詞はanになるので注意。

3 (1) **I don't know when she came to Japan.**
  (2) **(If I) were you, I wouldn't say that(.)**

解説 ··································

(1) when のあとは〈主語＋動詞 〜〉の語順。

(2)「私があなただったら…」は仮定法の文。〈If＋主語＋動詞の過去形〜，主語＋would＋動詞の原形…〉の形にする。ここでは，「言わないのになあ」なので，wouldのあとにnotが入り，その短縮形のwouldn'tになっていることに注意。

入試レベル問題
p.234

1 (1) **ア** (2) **ウ** (3) **エ** (4) **ウ**

解説 ··································

(1) ♪読まれた音声 *A:* Hi, Yuka. What did you do last Saturday?

B: Hi, George. I did my homework in the morning and went to piano lessons in the afternoon. How about you?

A: I played tennis with my friends in the morning, and cleaned my room in the afternoon.

Question: What did Yuka do in the morning last Saturday?

A: やあ，ユカ。この前の土曜日は何をしたの？

B: こんにちは，ジョージ。午前中に宿題をして，午後にピアノのレッスンに行ったよ。あなたは？

A: ぼくは午前中友達とテニスをして，午後は部屋を掃除したよ。

質問：ユカはこの前の土曜日の午前中は何をしましたか。

(2) ♪読まれた音声 *A:* Jim, are you still playing the video game? It's six o'clock. Dinner will be ready soon. How long have you been playing the video game?

B: I ate lunch at noon and started the game at one.

A: So long! Stop it now. You must study after dinner.

B: OK, Mom.

Question: How long has Jim been playing the video game?

A: ジム，まだテレビゲームをしているの？ 6時よ。夕食がもうすぐできますよ。どれくらいテレビゲームをしているの？

B: 正午に昼食を食べて，1時にゲームを始めたんだ。

A: そんなに長く！ もうやめなさい。夕食後は勉強をしなくちゃだめよ。

B: わかった，ママ。

質問：ジムはどれくらいテレビゲームをしていますか。

(3) ♪読まれた音声 *A:* This is a picture of the members

of our baseball team.

B: You don't wear a cap, Ken. Who is the tallest boy?

A: He is Mark. He is the best player on our team.

B: Is the boy who has a bat James?

A: No. He is Bob. He is our captain. He can run the fastest. The boy who is as tall as I is James. He is my best friend.

Question: Which boy is James?

A: これはぼくたちの野球部のメンバーの写真だよ。

B: あなたは帽子をかぶってないね，ケン。いちばん背の高い男の子はだれ？

A: 彼はマークだよ。彼はチームでいちばんうまい選手なんだ。

B: バットを持っている男の子がジェームズなの？

A: ちがうよ。彼はボブだよ。彼はキャプテンで，走るのがいちばん速いんだ。ぼくと背の高さが同じくらいの男の子がジェームズだ。彼がぼくのいちばんの友達さ。

質問：どの男の子がジェームズですか。

(4) ♪読まれた音声 *A:* Naomi, welcome to New York!

B: Hi, James. Thank you for meeting me at the airport. I'm very glad to see you again.

A: Me, too. Are you tired?

B: Yes. I didn't sleep in the plane.

A: What do you want to do now?

Question: What will Naomi say to James?

A: ナオミ，ようこそニューヨークへ！

B: こんにちは，ジェームズ。空港に迎えに来てくれてありがとう。あなたにまた会えてとてもうれしいわ。

A: ぼくもだよ。疲れている？

B: ええ。飛行機で眠れなかったの。

A: 今，何をしたい？

質問：ナオミはジェームズに何と言いますか。

選択肢の意味

ア　私は2週間ここに滞在する予定です。

イ　この市を訪れるのはこれが初めてです。

ウ　私はあなたの家族に会いたいです。

ア　私はあなたによく眠ってほしいです。

---

2 (1) ウ　(2) イ　(3) ア　(4) イ

解説

(1) hold は「（会など）を開催する」の意味。主語が the festival（祭り）で，前に be 動詞があるので受け身の形にする。文の意味は「その祭りは来年の7月に開催されるでしょう」。

(2) many little boys が「人」で，空所のあとに動詞が続くので，関係代名詞 who を入れる。「私はコンピューターの使い方を知っている幼い少年をたくさん知っています」。

(3) あとに me と happy が続き，make me happy で「私を幸せにする」という意味になるので，SVOC の文をつくる makes を入れる。「いつも私を幸せにしてくれるので，私はこの映画がいちばん好きです」。

(4) I wish があり，あとに「私が鳥」というありえない願望が続くので，仮定法の文と判断する。動詞は過去形にするが，be 動詞はふつう were を使う。「私が鳥だったらいいのになあ」。

3 (1) what to　(2) been playing
  (3) It, to　(4) Have, written

解説

(1)「何を食べるか」は「何を食べるべきか」と考えて what to eat で表す。

(2)「5時間ずっと〜し続けています」は，動詞によって，現在完了形の「継続」で表すか，現在完了進行形で表すかが決まる。ここは「テニスをする」（play tennis）で，動詞が動作を表す play なので，現在完了進行形の形にする。

(3)「〜することは…だ」は，It is … to 〜．の文にする。

(4)「あなたは〜したことがありますか」は，現在完了形「経験」の疑問文なので，Have で文を始める。また，「英語で書かれた手紙」は a letter を過去分詞で始まる語句が後ろから修飾する形にする。

4 (1) (Do you) want something hot to (drink?)
  (2) (Can you) show me how to make (it?)
  (3) (I want to) be a scientist who works to (solve environmental problems.)
  (4) (Please) tell her to come at (nine.)

(1)「何か温かい飲み物」となるように，something hot to drinkとする。hotがsomethingと不定詞の間にくる語順に注意する。

「お母さん，今日は寒いね」「そうだね。何か温かい飲み物がほしい？」「うん！ 温かい紅茶がほしい」。

(2) how toの文と判断し，動詞のshowとmakeをどう並べるかを考えて，〈show + 人 + how to ～〉の形にする。

「ユキ，これは何？」「それは折り鶴，紙の鶴です」「それを作りたい。それの作り方を教えてくれる？」「いいわよ」。

(3) want toのあとには動詞の原形が続く。ここではbe。関係代名詞のwhoがあるので，a scientistをwho～が修飾する文にする。

「さくら，あなたの夢は何？」「私は環境問題を解決するために働く科学者になりたいです」「それはすてきな夢です。あなたの夢がかなうことを願っています」。

(4) 動詞のtellとtoに注目して〈tell + 人 + to ～〉の文にする。

「明日，コンサートは何時に始まりますか」「午前10時です。劇場の前で9時に会いましょう。ケイトはこのことを知りません。彼女に9時に来るように言ってください」「わかりました。伝えます」。

5 (1) **エ** (2) **ア** (3) **イ** (4) **ウ**

(1) How about you?（あなたはどうですか。）は，「あなたはコンピューターをよく使いますか」という意味。空所のあとに「よくオンラインの動画を見ます」とあるので，「私もです」という**エ**を選ぶ。

A: あなたはすてきなコンピューターを持っていますね。よく使うのですか。

B: はい。私はインターネットで見て回るのによく使います。あなたはどうですか。

A:（私もです。）私はマンガやアニメに興味があるので，よくオンラインの動画を見ます。

選択肢の意味。ア「それはいいですね」 イ「それはいけませんね」 ウ「はい，お願いします」。

(2) 空所のあとのBの応答から，「あなたはどれくらいここにいますか」と，ここにいる期間をたずねている**ア**が適する。

A: やあ，サヤ。先週のテストでいい成績を取ったね。

B: はい，ウィルソン先生。一生けんめい勉強しました。

A: とてもすばらしい。あなたの英語はずっとよくなっている。（ここに来てどれくらいになるんだい？）

B: 7月にここに来たので，3か月ここにいることになります。

選択肢の意味。イ「あなたは毎日どれくらい英語を勉強しますか」 ウ「あなたはいつ私のテストで満点を取りましたか」 エ「あなたはいつ日本に帰るのですか」。

(3)「彼のために特別なケーキを作る」に対して，Good idea.（いい考えです。）と言ったあとに続くので，「それは彼を喜ばせるだろう」という**イ**が適切。

A: アキラの誕生日がすぐやってきます。彼のためにパーティーをする予定です。来てくれる？

B: はい，もちろんです。何か持っていきましょうか。

A: いいえ，何も持ってくる必要はありません。私たちは彼のために特別なケーキを作る予定です。

B: それはいい考えですね。（それは彼を喜ばせるでしょう。）

選択肢の意味。ア「私は彼を招待できます」 ウ「私がそれを持っていきます」 エ「彼は私たちを驚かせて喜ぶでしょう」。

(4)「英語でメールを書くのが難しい」というBに対しての応答。すぐ後に「ぼくに見せて」があり，Bが「ありがとう」と感謝しているので，「手伝おうか」と，手伝いを申し出ている**ウ**が適切。

A: アヤ，何をしているの？

B: こんにちは，アレックス。ロンドンにいる友達にメールを書いているんだけど，英語で書くのは私には難しいわ。

A:（手伝おうか。）見せて。

B: ああ，ありがとう。とてもやさしいね。

選択肢の意味。ア「あなたはできます」 イ「あなたは英語が得意です」 エ「手伝ってくれますか」。

6 (1) **エ**

(2) ① She stayed there for two weeks. / For two weeks.

② Yes, they were.

(3) **ア，エ**

(1) 前の一般動詞の過去形の文に対する応答なので，

Oh, did you?とする。

(2) ① 質問文は「ナオミはニュージーランドにどれくらい滞在しましたか」。最初のナオミの発言から「2週間（for two weeks）」とわかる。ふつうは主語と動詞のある文で答えるが，答えは「3語以上」という条件なので，For two weeks.のように主語と動詞を省略した形でもよい。

② 質問文は「ナオミのホストファミリーは彼女に親切でしたか」。ナオミの3番目の発言からYesの答えにする。

(3) 選択肢の意味は，

ア「ナオミはこの前の冬，ニュージーランドの家族のところに滞在しました」。最初のナオミの発言と一致する。

イ「ナオミはいくつかの農場を訪問しましたが，ヒツジを見ることができませんでした」。ナオミの2番目の発言と合わない。

ウ「ナオミは学校で授業が理解できませんでした」。「いっしょに勉強しました」という発言はあるが，「授業がわかりませんでした」という発言はない。

エ「ナオミにとって上手に英語を話すことは難しかった」。ナオミの4番目の発言の最後の文と一致する。

オ「ナオミは来年，ニュージーランドを訪れる予定です」。ナオミの5番目の発言に「また行きたい」とはあるが，具体的に「来年」という発言はない。

会話文の意味：

ナオミ：私は冬休み期間の2週間，交換留学生として，ニュージーランドに行って，ある家族の所に滞在しました。

ミラー先生：ああ，そうですか。どうでしたか。

ナオミ：すばらしかったです。私は高校に行って，そこの生徒たちと勉強しました。また，たくさんのヒツジを飼っている大きな農場もいくつか訪問しました。私はあんなにたくさんのヒツジを見たことがありません。

ミラー先生：ホストファミリーはどうでしたか。

ナオミ：彼らはとても親切で友好的でした。私は彼らといっぱい話をしました。

ミラー先生：それはいいですね。彼らの英語が理解できましたか。

ナオミ：最初は，彼らの言葉が理解できませんでしたが，1週間後，少しずつ理解できました。しかし，上手に話すことはできませんでした。

ミラー先生：わかります。英語で話すのは難しいです。英語を一生けんめい勉強したいと思いますか。

ナオミ：はい。一生けんめい英語を勉強して，またそこに行きたいです。

ミラー先生：あなたがニュージーランドでした経験が英語を一生けんめい勉強するという動機を与えてくれたのですね。あなたはすぐに上手に英語を話せるようになるでしょう。頑張ってください。

さくいん

さくいん

さくいん

261

最後までよく頑張ったね。
弱点克服のために
間違えた問題を
もう一度チェックしよう。

カバーイラスト・マンガ	くじょう
ブックデザイン	next door design（相京厚史，大岡喜直） 株式会社エデュデザイン
本文イラスト	加納徳博，伊藤ハムスター，下田麻美，金子典生，松本麻希
録音	（財）英語教育協議会（ELEC）
ナレーション	Dominic Allen, Jennifer Okano
英文校閲	Joseph Tabolt
編集協力	小縣宏行
	半田智穂，今居美月，石黒学，甲野藤文宏，渡邉聖子，森田桂子，大津直子，佐藤美穂，渡辺泰葉， 秋下幸恵，株式会社エデュデザイン
マンガシナリオ協力	株式会社シナリオテクノロジー ミカガミ
データ作成	株式会社明昌堂 データ管理コード：23-2031-2067（CC2020）
製作	ニューコース製作委員会 （伊藤なつみ，宮崎純，阿部武志，石河真由子，小出貴也，野中綾乃，大野康平，澤田未来，中村円佳， 渡辺純秀，相原沙弥，佐藤史弥，田中丸由季，中西亮太，髙橋桃子，松田こずえ，山下順子，山本希海， 遠藤愛，松田勝利，小野優美，近藤想，中山敏治）

＼ あなたの学びをサポート！／

家で勉強しよう。
学研のドリル・参考書

URL　　　https://ieben.gakken.jp/

Twitter　　@gakken_ieben

読者アンケートのお願い

本書に関するアンケートにご協力ください。右のコードか URL からアクセスし，アンケート番号を入力してご回答ください。当事業部に届いたものの中から抽選で年間 200 名様に，「図書カードネットギフト」500 円分をプレゼントいたします。

アンケート番号：305216

https://ieben.gakken.jp/qr/nc_sankou/

学研ニューコース　中３英語

この本は下記のように環境に配慮して製作しました。
●製版フィルムを使用しない CTP 方式で印刷しました。
●環境に配慮して作られた紙を使っています。